CÉLIA PASSOS

Cursou Pedagogia na Faculdade de Ciências Humanas de Olinda – PE, com licenciaturas em Educação Especial e Orientação Educacional. Professora do Ensino Fundamental e Médio (Magistério) e coordenadora escolar de 1978 a 1990.

ZENEIDE SILVA

Cursou Pedagogia na Universidade Católica de Pernambuco, com licenciatura em Supervisão Escolar. Pós-graduada em Literatura Infantil. Mestra em Formação de Educador pela Universidade Isla, Vila de Nova Gaia, Portugal. Assessora Pedagógica, professora do Ensino Fundamental e supervisora escolar desde 1986.

VOLUME 3
EDUCAÇÃO INFANTIL

4ª edição
São Paulo
2020

LINGUAGEM

Coleção Eu Gosto M@is
Educação Infantil – Linguagem – Volume 3
© IBEP, 2020

Diretor superintendente	Jorge Yunes
Diretora editorial	Célia de Assis
Assessoria pedagógica	Mariana Colossal
Edição e revisão	RAF Editoria e Serviços
Produção editorial	Elza Mizue Hata Fujihara
Assistente de produção gráfica	Marcelo de Paula Ribeiro
Estagiária	Verena Fiesenig
Iconografia	IBEP
Ilustração	Bruna Ishihara, Eunice – Conexão Editorial, Fábio – Imaginário Studio, João Anselmo e Izomar, José Luís Juhas/Ilustra Cartoon
Projeto gráfico e capa	Aline Benitez
Ilustração da capa	Box&dea
Diagramação	Nany Produções Gráficas

CIP-BRASIL. CATALOGAÇÃO NA PUBLICAÇÃO
SINDICATO NACIONAL DOS EDITORES DE LIVROS, RJ

P32e
4. ed.
v. 3

Passos, Célia
  Eu gosto mais : linguagem : educação infantil, volume 3 / Célia Passos, Zeneide Silva. - 4. ed. - São Paulo : IBEP, 2020.
  : il. (Eu gosto m@is ; 3)

  ISBN 978-85-342-4262-2 (aluno)
  ISBN 978-85-342-4263-9 (professor)

  1. Educação infantil. I. Silva, Zeneide. II. Título. III. Série.

20-64421   CDD: 372.21
                                                        CDU: 373.2

Meri Gleice Rodrigues de Souza - Bibliotecária CRB-7/6439
17/05/2020   22/05/2020

4ª edição – São Paulo – 2020
Todos os direitos reservados

Rua Gomes de Carvalho, 1306 – 11º andar – Vila Olímpia
São Paulo-SP – 04547-005 – Brasil – Tel.: (11) 2799-7799
www.ibep-nacional.com.br

MENSAGEM AO ALUNO

QUERIDO ALUNO, QUERIDA ALUNA,

QUE MARAVILHA SABER QUE VAMOS TRABALHAR JUNTOS DURANTE TODO ESTE ANO!

A COLEÇÃO **EU GOSTO M@IS** FOI FEITA PARA CRIANÇAS COMO VOCÊ.

ESCREVEMOS ESTE LIVRO COM MUITO CARINHO E ESPERAMOS QUE VOCÊ DESCUBRA E CONHEÇA AINDA MAIS O AMBIENTE EM QUE VIVE.

CUIDE MUITO BEM DO SEU LIVRO. ELE SERÁ SEU COMPANHEIRO NO DIA A DIA.

UM GRANDE ABRAÇO,

AS AUTORAS

SUMÁRIO

LIÇÃO	PÁGINA
1. CANTIGAS E BRINCADEIRAS	7
2. NOME	12
3. O ALFABETO	14
4. AS VOGAIS	17
5. **B**ONECA	30
6. **C**OBRA	36
7. **D**OMINÓ	42
8. **F**OCA	48
9. **G**ALO	54
10. **H**IPOPÓTAMO	60
11. **J**ACARÉ	64
12. **K**IRIKU	70
13. **L**EÃO	75
14. **M**OTORISTA	82
15. **N**UVEM	88
16. **P**APAGAIO	94
17. **Q**UINTAL	102
18. **R**ATO	107
19. **S**APO	113
20. **T**ATU	118
21. **V**ACINA	124
22. A LETRA **W**	130
23. **X**ISTO E **X**EPA	132
24. A LETRA **Y**	138
25. **Z**EBRA	140
ALMANAQUE	145
ADESIVOS	161

LIÇÃO 1

CANTIGAS E BRINCADEIRAS

- CANTE COM A PROFESSORA E OS COLEGAS.
- CUBRA OS TRACEJADOS E PINTE O PEIXE.

VAMOS CANTAR?

PEIXE VIVO
COMO PODE O PEIXE VIVO
VIVER FORA DA ÁGUA FRIA
COMO PODE O PEIXE VIVO
VIVER FORA DA ÁGUA FRIA
COMO PODEREI VIVER
COMO PODEREI VIVER
SEM A TUA, SEM A TUA
SEM A TUA COMPANHIA
SEM A TUA, SEM A TUA
SEM A TUA COMPANHIA.

DOMÍNIO PÚBLICO.

- RECORTE O CRACHÁ DO ALMANAQUE, PÁGINA 147. COMPLETE-O COM A AJUDA DA PROFESSORA.

- OBSERVE SEU CRACHÁ E ESCREVA SEU NOME NO TEXTO DA CANTIGA.

> SE EU FOSSE UM PEIXINHO
>
> E SOUBESSE NADAR
>
> EU TIRAVA _____
>
> DO FUNDO DO MAR.
>
> DOMÍNIO PÚBLICO.

- RECORTE DE REVISTAS AS LETRAS QUE FORMAM SEU NOME. COLE-AS NO ESPAÇO ABAIXO, NA ORDEM CORRETA.

- CANTE COM A PROFESSORA E OS COLEGAS. UM DE CADA VEZ VAI ENTRAR NA RODA.
- ESCREVA SEU NOME NO TEXTO DA CANTIGA.

VAMOS CANTAR?

CIRANDA, CIRANDINHA

CIRANDA, CIRANDINHA
VAMOS TODOS CIRANDAR!
VAMOS DAR A MEIA VOLTA
VOLTA E MEIA VAMOS DAR

O ANEL QUE TU ME DESTES
ERA VIDRO E SE QUEBROU
O AMOR QUE TU ME TINHAS
ERA POUCO E SE ACABOU

POR ISSO, _____
ENTRE DENTRO DESTA RODA
DIGA UM VERSO BEM BONITO
DIGA ADEUS E VÁ EMBORA.

DOMÍNIO PÚBLICO.

- OBSERVE AS IMAGENS ABAIXO.

RESPONDA ORALMENTE ÀS PERGUNTAS.

- O QUE AS CRIANÇAS ESTÃO FAZENDO?
- QUAL É O NOME DA SUA BRINCADEIRA PREFERIDA?
- DESENHE SUA BRINCADEIRA PREFERIDA.

TRABALHANDO IMAGENS

- OBSERVE A PINTURA DE RICARDO FERRARI.

BRINCADEIRAS DE CRIANÇA, DE RICARDO FERRARI, 1951. ÓLEO SOBRE TELA, 120 CM x 190 CM.

- O QUE VOCÊ OBSERVOU NA PINTURA?

- O QUE AS CRIANÇAS ESTÃO FAZENDO?

- VOCÊ CONHECE ALGUMA DAS BRINCADEIRAS REPRESENTADAS POR RICARDO FERRARI?

- CIRCULE NA PINTURA AS CRIANÇAS QUE BRINCAM DE PULAR CORDA.

- VOCÊ CONHECE ALGUMA CANTIGA PARA BRINCAR DE PULAR CORDA?

NOME

- OUÇA A LEITURA DA PROFESSORA.

O NOME DO MEU AMIGO
FOI O AVÔ QUE ESCOLHEU.
NÃO É ROGÉRIO NEM RODRIGO.
O NOME DELE É ROMEU.

CADA UM TEM UM NOME
ESCOLHIDO COM CARINHO.
CARLA, CAROL, AMANDA,
QUAL É SEU NOME, AMIGUINHO?

TEXTO ESCRITO PELAS AUTORAS.

TRABALHANDO O TEXTO

- A PROFESSORA VAI LER OS NOMES CITADOS NO TEXTO. VOCÊ CONHECE ALGUÉM COM ESSES NOMES?

- USE OS CRACHÁS E COPIE O NOME DE TRÊS COLEGAS DA TURMA.

LIÇÃO 3

O ALFABETO

PARA ESCREVER PALAVRAS, USAMOS LETRAS.
O ALFABETO É FORMADO POR 26 LETRAS.

AS LETRAS **A**, **E**, **I**, **O**, **U** SÃO CHAMADAS **VOGAIS**. AS DEMAIS SÃO CHAMADAS **CONSOANTES**.

AS LETRAS **K**, **W** E **Y** SÃO UTILIZADAS EM NOMES E PALAVRAS DE ORIGEM ESTRANGEIRA.

O ALFABETO PODE SER ESCRITO EM LETRAS **MAIÚSCULAS** OU **MINÚSCULAS**.

A a	B b	C c	D d
E e	F f	G g	H h
I i	J j	K k	L l

- COMPLETE O ALFABETO COM AS LETRAS QUE ESTÃO FALTANDO.

	B	C		E		G	H	
J	K		M			P	Q	R
S		U		W		Y	Z	

- AGORA, ESCREVA NO QUADRINHO A LETRA QUE:

ESTÁ ENTRE A LETRA **D** E A LETRA **F**.

ESTÁ DEPOIS DA LETRA **S**.

ESTÁ ENTRE A LETRA **A** E A LETRA **C**.

ESTÁ ANTES DA LETRA **L**.

ESTÁ ENTRE A LETRA **O** E A LETRA **Q**.

É A PRIMEIRA DO ALFABETO.

É A ÚLTIMA DO ALFABETO.

ESTÁ ANTES DA LETRA **N**.

LIÇÃO 4

AS VOGAIS

VAMOS CANTAR?

[...]
COM A LETRA "A", APRENDO RAPIDINHO.
COM A LETRA "E", É QUE EU FICO ESPERTINHO.
COM A LETRA "I", INTELIGENTE VOU FICAR.
COM A LETRA "O", OUÇA O QUE EU VOU FALAR.
COM A LETRA "U", UMA VEZ MAIS EU VOU DIZER.
COM AS VOGAIS, FICA FÁCIL APRENDER.

DISPONÍVEL EM: WWW.LETRAS.MUS.BR/ELIANA/615962/.
ACESSO EM: 3 JUN. 2020.

A a 𝒜 𝒶	🐝	ABELHA *abelha*	
E e ℰ ℯ	🐘	ELEFANTE *elefante*	
I i 𝒥 𝒾	🦎	IGUANA *iguana*	
O o 𝒪 𝑜	🐑	OVELHA *ovelha*	
U u 𝒰 𝓊	🐻	URSO *urso*	

FOTOS: SHUTTERSTOCK

- A PROFESSORA VAI LER O POEMA.

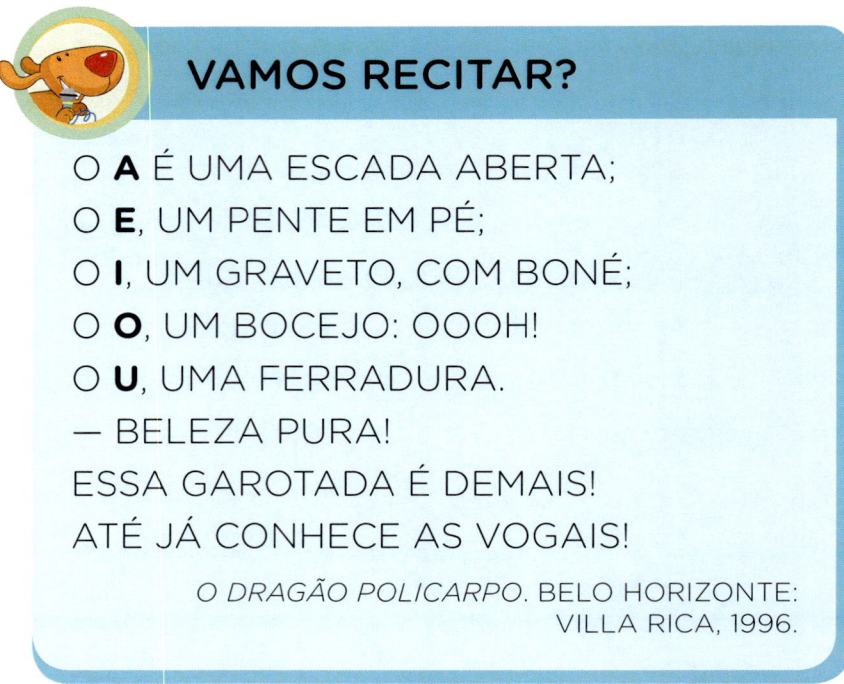

VAMOS RECITAR?

O **A** É UMA ESCADA ABERTA;
O **E**, UM PENTE EM PÉ;
O **I**, UM GRAVETO, COM BONÉ;
O **O**, UM BOCEJO: OOOH!
O **U**, UMA FERRADURA.
— BELEZA PURA!
ESSA GAROTADA É DEMAIS!
ATÉ JÁ CONHECE AS VOGAIS!

O DRAGÃO POLICARPO. BELO HORIZONTE: VILLA RICA, 1996.

- AGORA, DESENHE O QUE CADA UMA DAS VOGAIS PARECE SER NO POEMA.

VOGAIS CURSIVAS

- OUÇA AS QUADRINHAS QUE A PROFESSORA VAI LER.

EU SOU TODA REDONDINHA,
COMO A BOLA DE SOPRAR.
E, NO CANTO, UM RABINHO.
PODE VER, É SÓ PUXAR.

A a

SOU FÁCIL DE FAZER,
UMA VOLTA PARA LÁ.
VEJA SÓ COMO PAREÇO
COM UM LAÇO DE ENFEITAR.

E e

EU SOU SEMPRE
BEM MAGRINHA
E TENHO UM PONTINHO
EM CIMA DA LETRINHA.

I i

EU TAMBÉM SOU REDONDINHA,
COMO UMA BOLA DE SOPRAR.
SÓ QUE O MEU RABINHO
DÁ UMA VOLTA PARA O AR.

O o

SUBO E DESÇO DUAS VEZES,
PARA O "U" PODER FORMAR.
E AGORA É A SUA VEZ
DE TENTAR ME DESENHAR.

U u

DOMÍNIO PÚBLICO.

- COPIE AS VOGAIS.

- COMPLETE O NOME DAS CRIANÇAS COM A LETRA INICIAL. DEPOIS, SIGA AS LINHAS EMBARALHADAS E COPIE A MESMA LETRA NO QUADRO CORRETO.

- A PROFESSORA VAI LER OS NOMES. PINTE-OS DE ACORDO COM A LEGENDA.

    NOMES INICIADOS COM:

    🟨 A   🟩 E   🟦 I   🟧 O   🟥 U

UBALDO	EDUARDO	ÍSIS	OLGA
OTÁVIO	ANDRÉ	ÚRSULA	AMANDA
IGOR	ÍCARO	ÉRICA	EVA
ULISSES	ALOÍSIO	ANA	IASMIM

- AGORA, RESPONDA:

    QUANTOS NOMES COMEÇAM:

    COM A LETRA **A**? ☐

    COM A LETRA **E**? ☐

    COM A LETRA **I**? ☐

    COM A LETRA **O**? ☐

    COM A LETRA **U**? ☐

- CIRCULE A FIGURA CUJO NOME NÃO COMEÇA COM O SOM DA VOGAL EM DESTAQUE.

- LIGUE AS VOGAIS IGUAIS. USE UM LÁPIS DE COR DIFERENTE PARA CADA VOGAL.

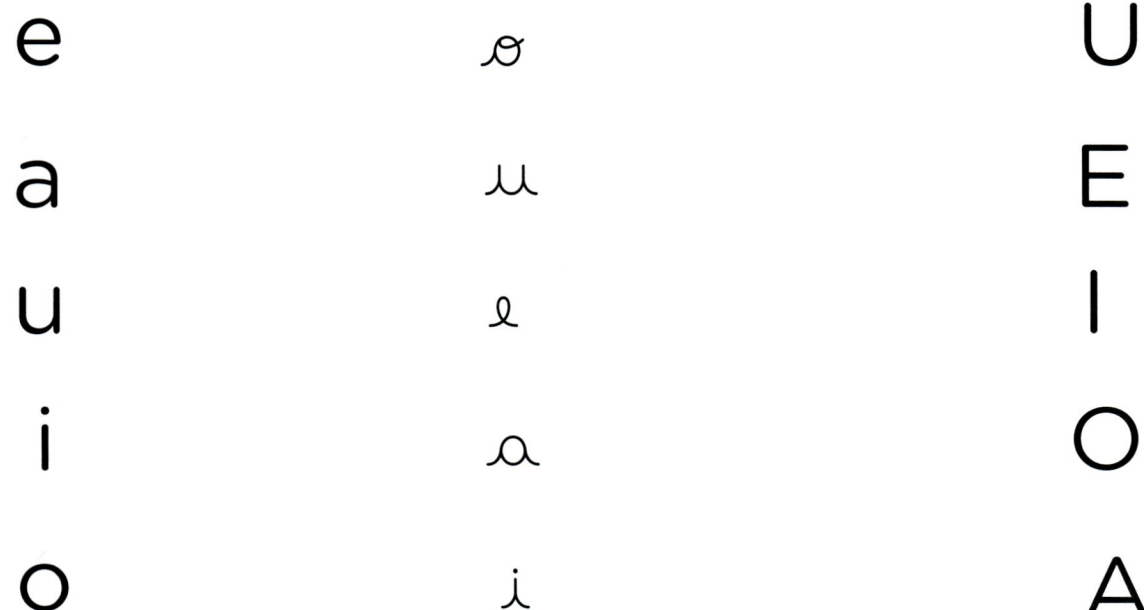

- LEIA AS PALAVRAS A SEGUIR, COM A AJUDA DA PROFESSORA. DEPOIS, PINTE AS VOGAIS.

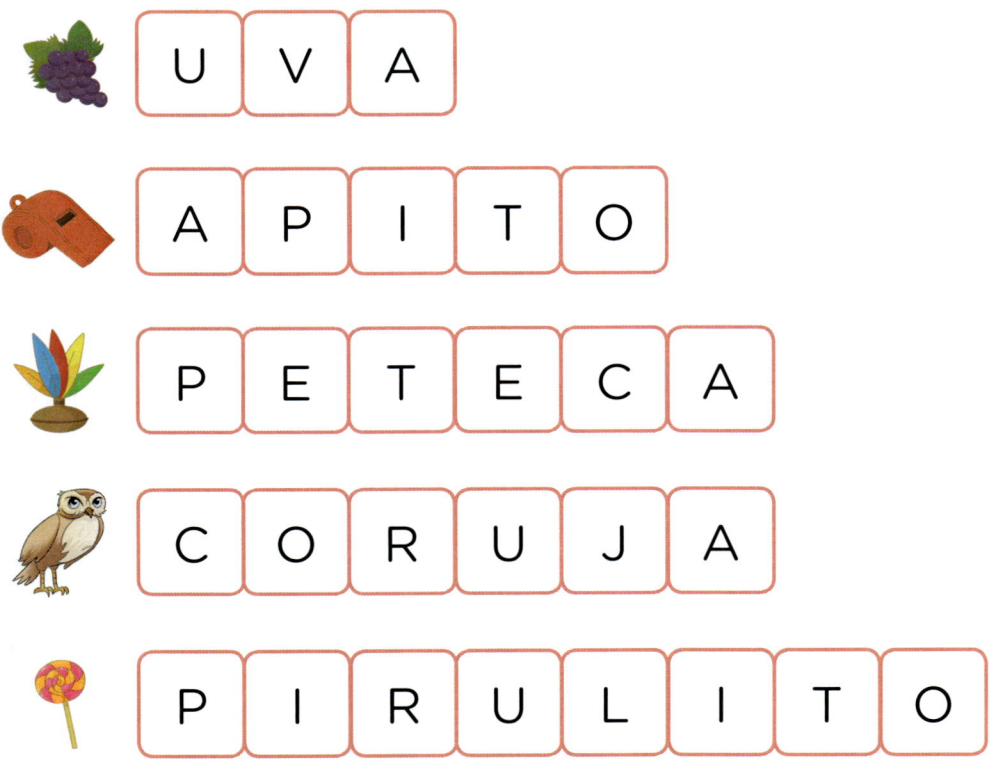

- LIGUE AS FIGURAS QUE TÊM O NOME INICIADO COM A MESMA VOGAL.

ABELHA

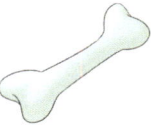
OSSO

ELEFANTE

IGREJA

ILHA

URSO

ONÇA

ANEL

UVA

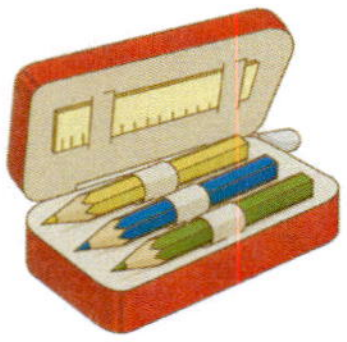

ESTOJO

- RELACIONE AS VOGAIS MAIÚSCULAS ÀS MINÚSCULAS.

A   E   O   U

I   a

i   e   o   u

- LEIA E COPIE AS VOGAIS. DEPOIS, LIGUE CADA LETRA À FIGURA QUE TEM O NOME INICIADO POR ELA.

ENCONTROS VOCÁLICOS

ENCONTROS VOCÁLICOS SÃO ENCONTROS DE VOGAIS.

- LEIA A TIRINHA.

MAURICIO DE SOUSA. CEBOLINHA. *MAGALI*, RIO DE JANEIRO, GLOBO, N. 78, P. 66.

- CIRCULE OS ENCONTROS VOCÁLICOS QUE APARECEM NA TIRINHA.

| AI | AU | EU | OI | OU | UI |

- JUNTE AS VOGAIS PARA FORMAR ENCONTROS VOCÁLICOS.

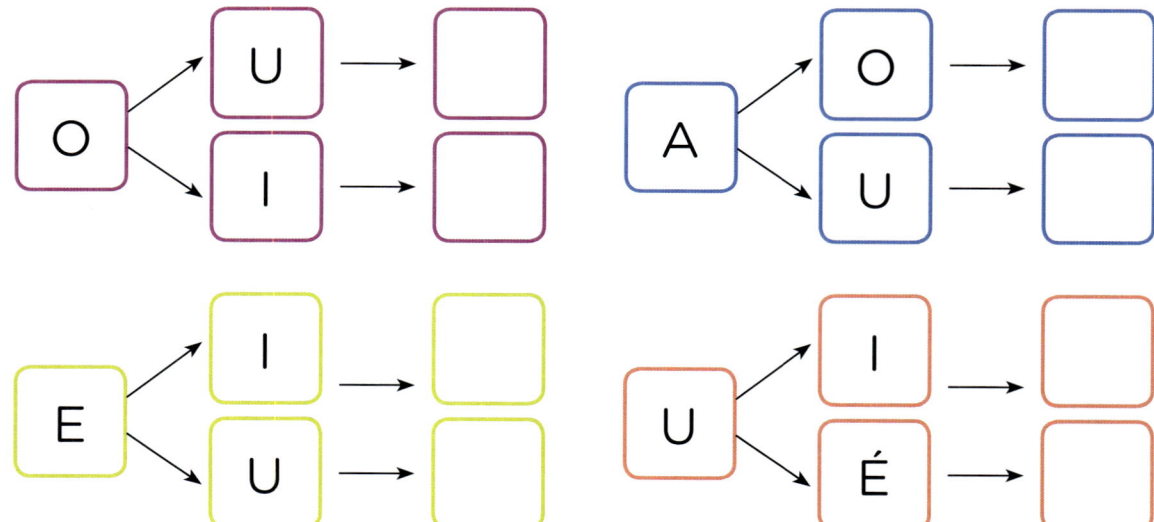

- OBSERVE A HISTÓRIA E COMPLETE OS BALÕES COM A FALA DE CADA PERSONAGEM. USE OS ENCONTROS VOCÁLICOS DO QUADRO.

OI!   AU, AU!   EI!
UI!   AI!

- COMO VOCÊ ACHA QUE TERMINA ESSA HISTÓRIA? CONTE PARA OS COLEGAS E PARA A PROFESSORA.

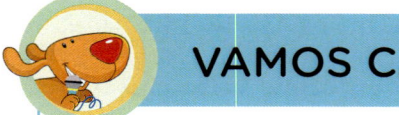

VAMOS CANTAR?

PEZINHO

AI BOTA AQUI,

AI BOTA AQUI O SEU PEZINHO.

O SEU PEZINHO BEM JUNTINHO COM O MEU.

E DEPOIS NÃO VÁ DIZER

QUE VOCÊ SE ARREPENDEU.

DOMÍNIO PÚBLICO.

- PINTE NA CANTIGA AS PALAVRAS QUE POSSUEM OS SEGUINTES ENCONTROS VOCÁLICOS.

AI   EU   OI

- TROQUE CADA SÍMBOLO PELA VOGAL CORRESPONDENTE E FORME ENCONTROS VOCÁLICOS.

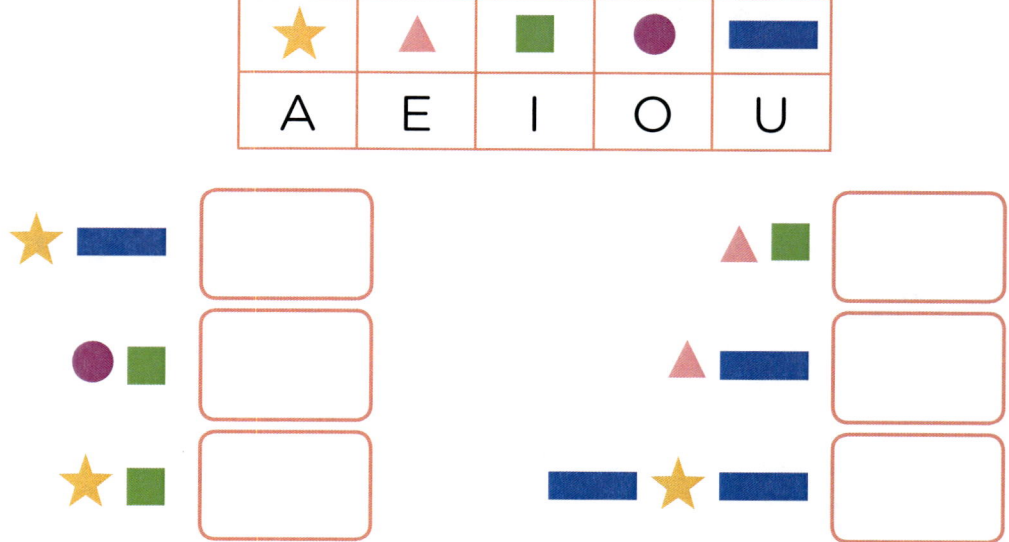

- OBSERVE, NAS CENAS A SEGUIR, A ATIVIDADE QUE CADA PESSOA ESTÁ REALIZANDO. DEPOIS, RELACIONE CADA CENA À FIGURA QUE MOSTRA O RESULTADO DA ATIVIDADE REALIZADA.

- ESCOLHA UMA DAS CENAS, CRIE UMA HISTÓRIA E CONTE PARA OS COLEGAS E A PROFESSORA.

BONECA
boneca

- CANTE COM OS COLEGAS.

VAMOS CANTAR?

BONECA DE LATA

MINHA BONECA DE LATA
BATEU A CABEÇA NO CHÃO.
LEVOU QUASE UMA HORA
PARA FAZER A ARRUMAÇÃO.
DESAMASSA AQUI, DESAMASSA ALI,
DESAMASSA AQUI, DESAMASSA ALI
PARA FICAR BOA.

MINHA BONECA DE LATA
BATEU O OMBRO NO CHÃO
LEVOU MAIS DE DUAS HORAS
PARA FAZER A ARRUMAÇÃO.
DESAMASSA AQUI, DESAMASSA ALI,
DESAMASSA AQUI, DESAMASSA ALI
PARA FICAR BOA.

DOMÍNIO PÚBLICO.

ba	be	bi	bo	bu
ba	*be*	*bi*	*bo*	*bu*
BA	BE	BI	BO	BU
Ba	*Be*	*Bi*	*Bo*	*Bu*

TRABALHANDO O TEXTO

- CIRCULE NA BONECA DE LATA AS PARTES DO CORPO CITADAS NO TEXTO.

- CANTE COM OS COLEGAS. TROQUE A PALAVRA DESTACADA POR OUTRAS PARTES DO CORPO.

MINHA BONECA DE LATA
BATEU A **CABEÇA** NO CHÃO.
LEVOU QUASE UMA HORA
PARA FAZER A ARRUMAÇÃO.
DESAMASSA AQUI, DESAMASSA ALI,
DESAMASSA AQUI, DESAMASSA ALI
PARA FICAR BOA.

- CUBRA O PONTILHADO, LEIA AS SÍLABAS FORMADAS E, DEPOIS, COPIE-AS.

- COMPLETE OS NOMES DAS FIGURAS COM A LETRA **B**.

- OUÇA A LEITURA QUE A PROFESSORA FARÁ DAS PALAVRAS. DEPOIS, COMPLETE O NOME DAS FIGURAS COM **BA**, **BE**, **BI**, **BO** OU **BU**.

- PINTE A SÍLABA INICIAL DO NOME DE CADA FIGURA.

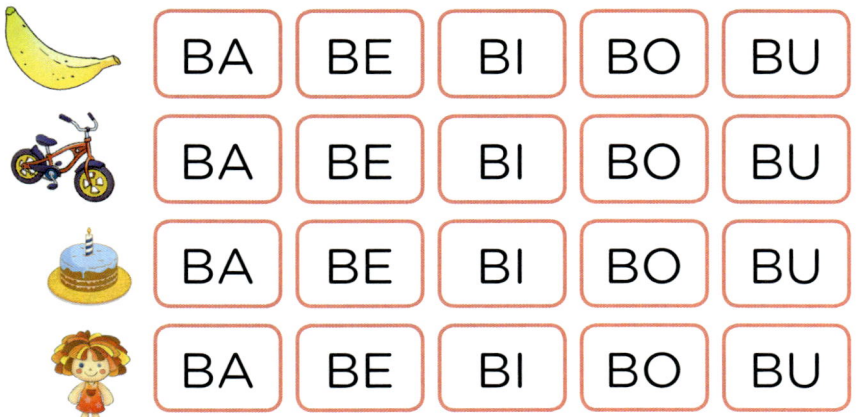

BA BE BI BO BU

BA BE BI BO BU

BA BE BI BO BU

BA BE BI BO BU

- JUNTE AS SÍLABAS E ESCREVA O NOME DAS FIGURAS.

BA LA

BE TO

BO LO

BA NA NA

FOTOS: SHUTTERSTOCK

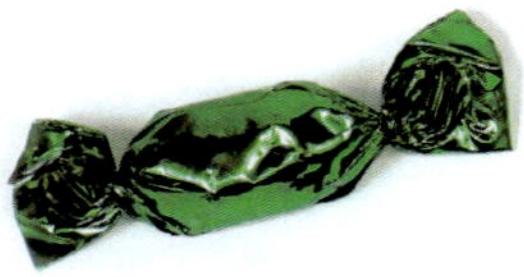

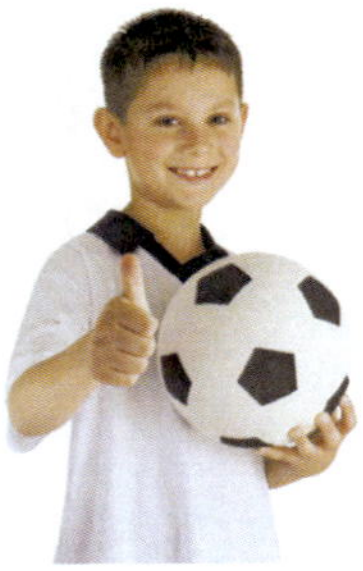

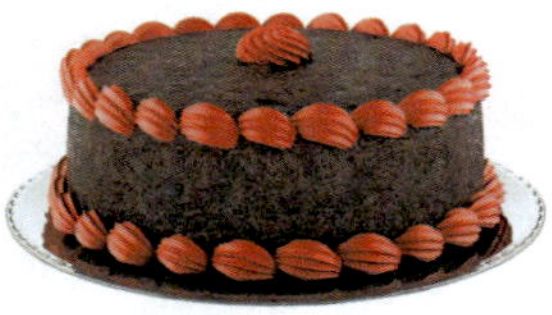

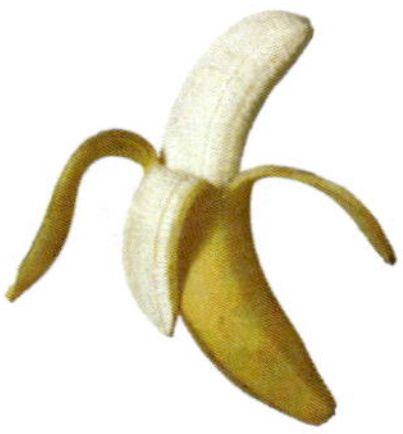

- LIGUE CADA DESCRIÇÃO À RESPOSTA CORRETA. DEPOIS, COPIE O NOME DAS FIGURAS.

BRINQUEDO DE CHUTAR •	
	• BANANA
	____________
ANIMAL QUE VIVE NO MAR •	
	• BOLO
	____________
FRUTA QUE O MACACO GOSTA DE COMER •	
	• BOLA
	____________
COMIDA DOCE •	
	• BALEIA
	____________

FOTOS: SHUTTERSTOCK

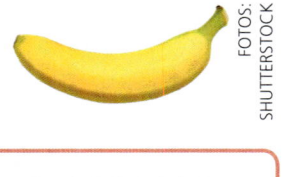

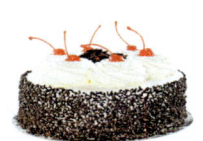

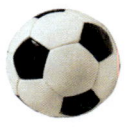

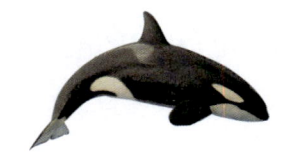

- FAÇA A DOBRADURA SEGUINDO AS INSTRUÇÕES.

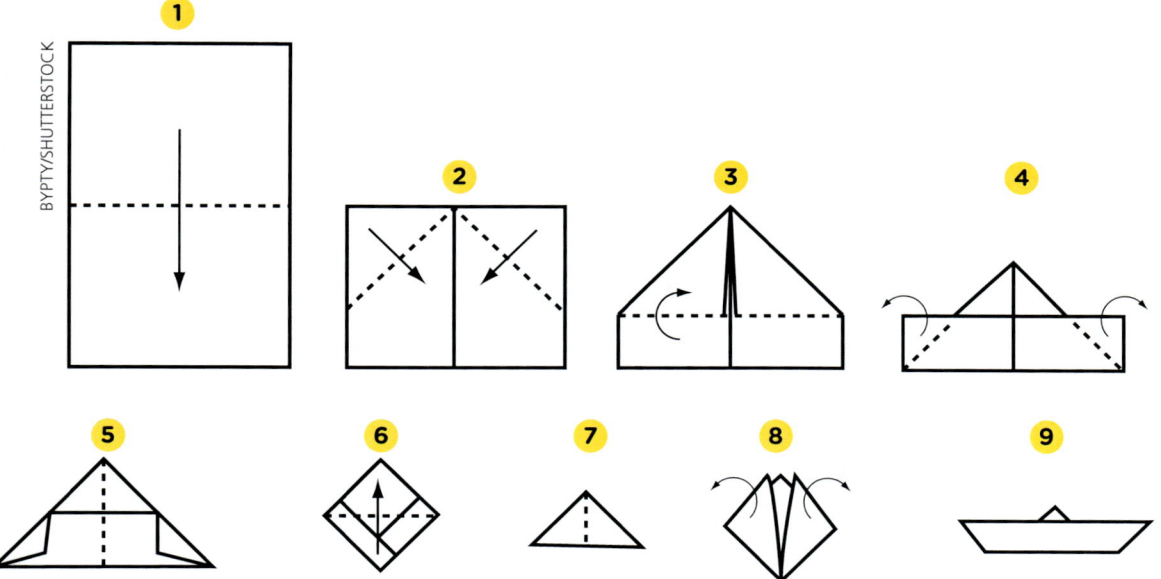

- CIRCULE A FIGURA DO QUE VOCÊ FORMOU.

- QUAL HABILIDADE VOCÊ UTILIZOU?

- CIRCULE COMO VOCÊ SE SENTIU FAZENDO A DOBRADURA.

COBRA
cobra

- CANTE COM OS COLEGAS.

 **VAMOS CANTAR?**

A COBRA
A COBRA NÃO TEM MÃO,
A COBRA NÃO TEM PÉ.
COMO É QUE A COBRA SOBE
NO PEZINHO DE LIMÃO?
COMO É QUE A COBRA SOBE
NO PEZINHO DE LIMÃO?
A COBRA VAI SUBINDO,
VAI, VAI, VAI.
VAI SE ENROLANDO,
VAI, VAI, VAI.

DOMÍNIO PÚBLICO.

ca	ce	ci	co	cu
ca	*ce*	*ci*	*co*	*cu*
CA	CE	CI	CO	CU
Ca	*Ce*	*Ci*	*Co*	*Cu*

TRABALHANDO O TEXTO

- CIRCULE A RESPOSTA DE ACORDO COM A LETRA DA CANTIGA. O QUE A COBRA NÃO TEM?

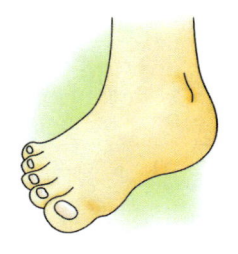

- ASSINALE COMO A COBRA SOBE NO PÉ DE LIMÃO.

    ☐ CORRENDO.

    ☐ A COBRA VAI SE ENROLANDO.

- DESENHE A FRUTA CITADA NA LETRA DA CANTIGA.

- CUBRA O PONTILHADO, LEIA AS SÍLABAS FORMADAS E, DEPOIS, COPIE-AS.

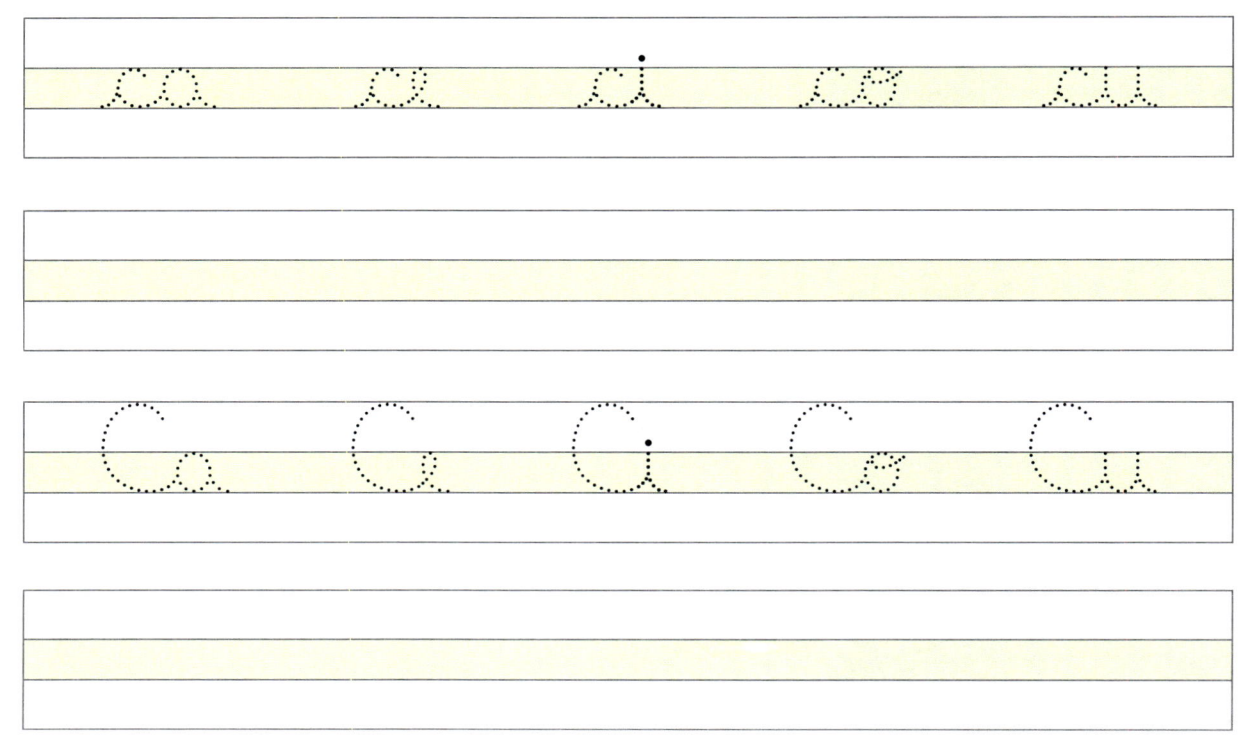

ca   ce   ci   co   cu

Ca   Ce   Ci   Co   Cu

- LIGUE CADA FIGURA À SÍLABA INICIAL DO NOME DELA.

CA

CE

CO

CI

CU

- LIGUE AS FIGURAS QUE TÊM O NOME INICIADO PELO MESMO SOM.

CAVALO

CORAÇÃO

CUPIM

CADERNO

COLA

CIGARRA

CINEMA

CUBO

- PINTE A FIGURA QUE TEM O NOME INICIADO COM A SÍLABA EM DESTAQUE.

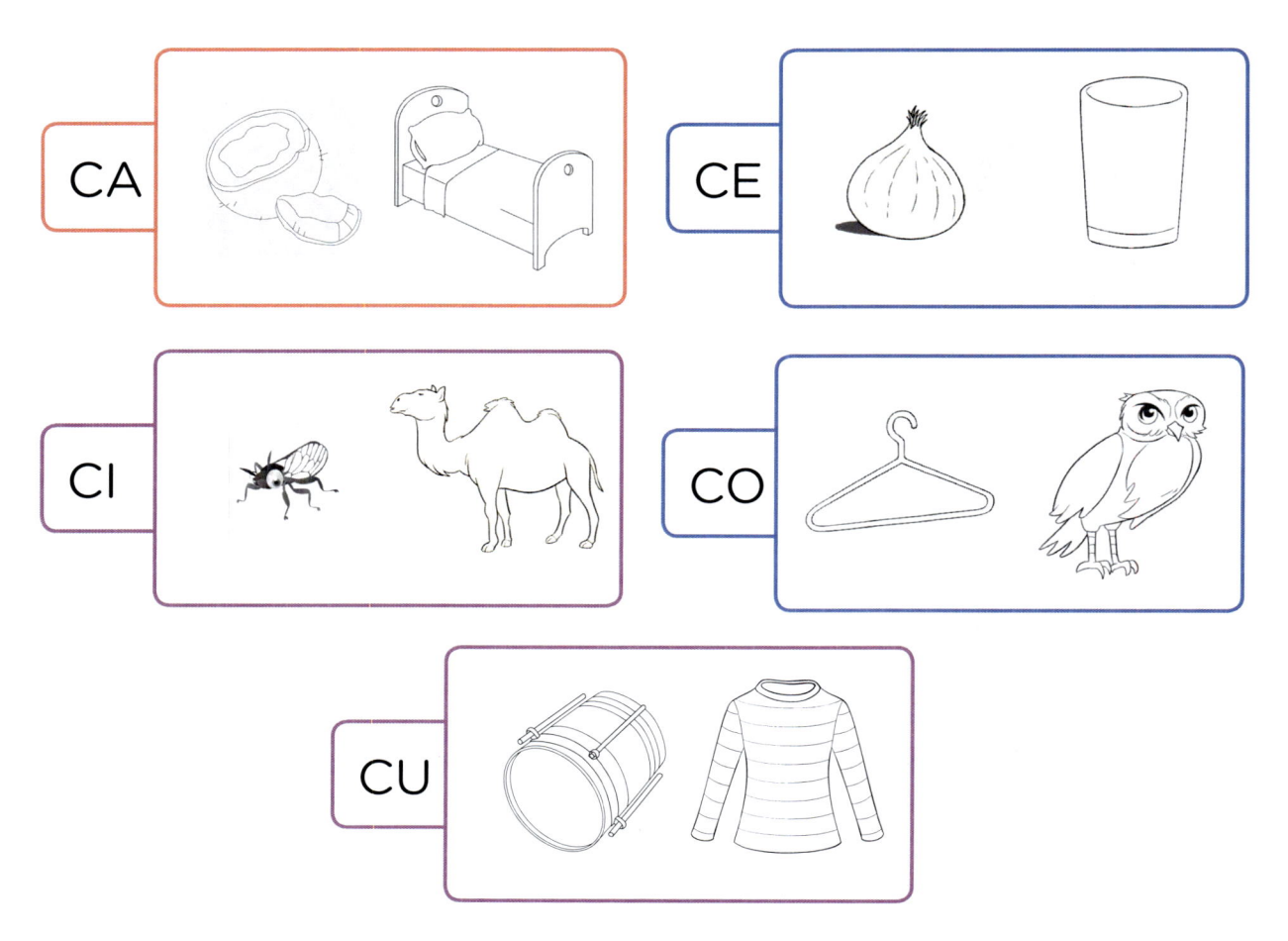

CA

CE

CI

CO

CU

- ESCREVA AS PALAVRAS DO QUADRO NA COLUNA CORRETA.

cabo   Cibele   cubo   Celina   coco   Caio

c	C

TRABALHANDO A ORALIDADE

- OUÇA A HISTÓRIA QUE A PROFESSORA VAI CONTAR. DEPOIS, FAÇA UM DESENHO E MOSTRE-O AOS COLEGAS. CANTE NOVAMENTE A MÚSICA DA COBRA.

LIÇÃO 7

DOMINÓ
dominó

D d

- CANTE COM OS COLEGAS.

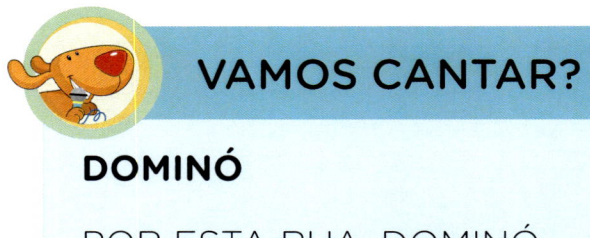

VAMOS CANTAR?

DOMINÓ

POR ESTA RUA, DOMINÓ,
PASSOU MEU BEM, DOMINÓ.
NÃO FOI POR MIM, DOMINÓ,
FOI POR MAIS ALGUÉM, DOMINÓ.

OLHA O PASSARINHO, DOMINÓ.
CAIU NO LAÇO, DOMINÓ.
DAI-ME UM BEIJINHO, DOMINÓ.
E UM ABRAÇO, DOMINÓ.

DOMÍNIO PÚBLICO.

da	de	di	do	du
da	*de*	*di*	*do*	*du*
DA	DE	DI	DO	DU
Da	*De*	*Di*	*Do*	*Du*

TRABALHANDO O TEXTO

- ESCREVA O TÍTULO DA CANTIGA.

- NUMERE DE ACORDO COM OS ACONTECIMENTOS NA CANTIGA.

- CUBRA O PONTILHADO, LEIA AS SÍLABAS FORMADAS E, DEPOIS, COPIE-AS.

da   de   di   do   du

Da   De   Di   Do   Du

- ORDENE AS SÍLABAS E FORME PALAVRAS. DEPOIS, REPRESENTE CADA PALAVRA COM UMA ILUSTRAÇÃO.

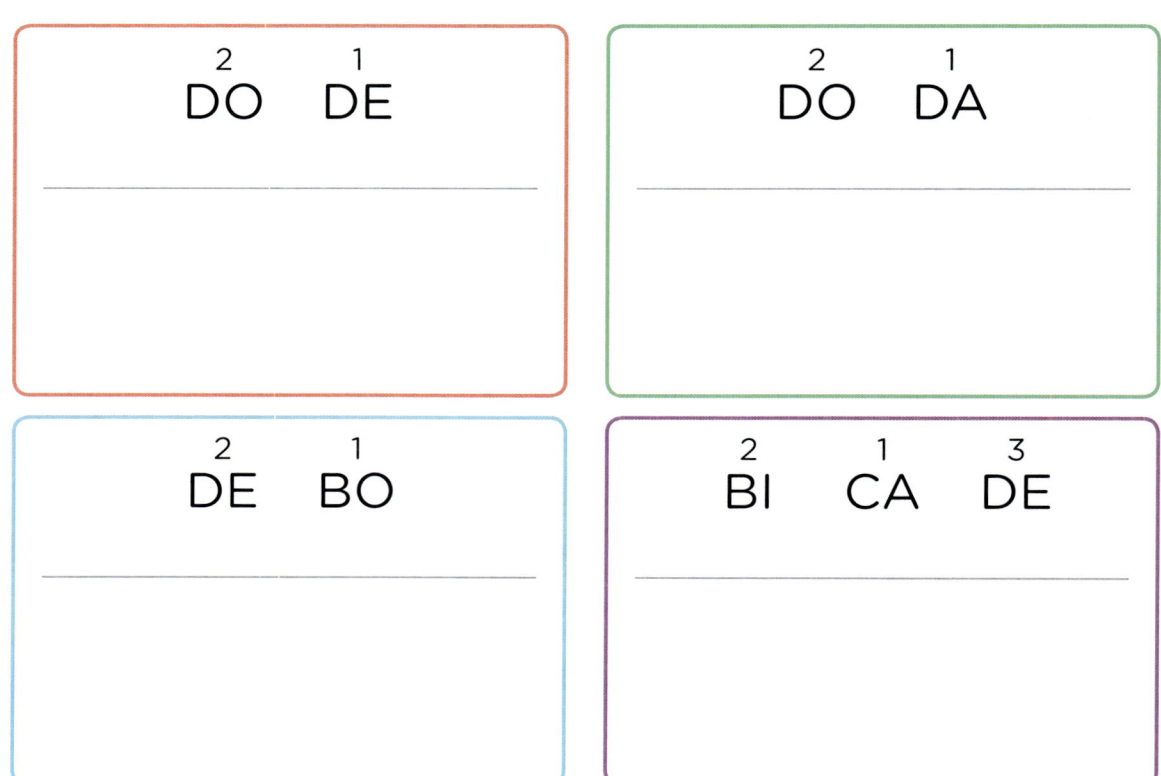

2 1	2 1
DO DE	DO DA
_____	_____

2 1	2 1 3
DE BO	BI CA DE
_____	_____

- PINTE AS SÍLABAS **DA**, **DE**, **DI**, **DO** E **DU** QUE APARECEM NOS NOMES DAS FIGURAS. DEPOIS, COPIE AS PALAVRAS.

DA DO

DE DO

DO MI NÓ

DU DU

- OBSERVE AS FIGURAS E COMPLETE AS PALAVRAS COM AS SÍLABAS **DA**, **DE**, **DI**, **DO** OU **DU**.

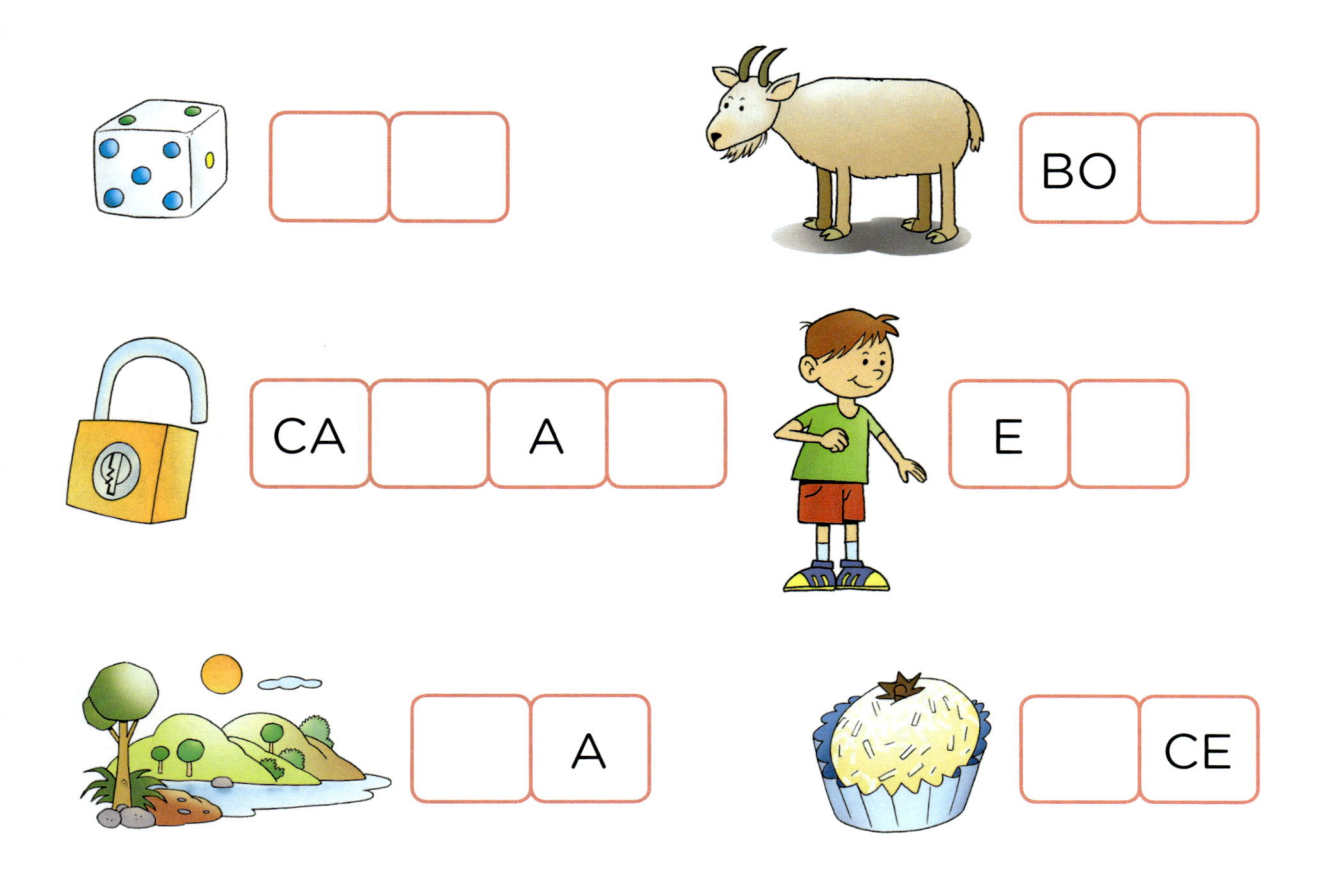

☐ ☐	BO ☐
CA ☐ A ☐	☐ E ☐
☐ A	☐ CE

- RELACIONE AS PALAVRAS CORRESPONDENTES.

DEDAL   cabide

CABIDE   doce

DIDI   dedal

DOCE   cocada

COCADA   Didi

- LEIA A PALAVRA, COPIE-A E NUMERE A FOTO QUE CORRESPONDE A ELA.

1 BODE

2 DIA

3 COCADA

4 EDU

5 CADEADO

- LEIA OS NOMES COM A AJUDA DA PROFESSORA. DEPOIS, COPIE-OS.

DANILO	
DAVI	
DALILA	
DIVA	

- PROCURE E CONTORNE NO QUADRO ABAIXO AS PALAVRAS: **DUDA**, **DEDO** E **DADO**.

BE	CA	DU	DA	BI
DE	DO	DI	DE	CA
DU	BA	CO	DA	DO

- ESCREVA AS PALAVRAS DO QUADRO NA COLUNA CORRETA.

Dudu   dado   Diva   dedo

d	D

47

LIÇÃO 8

FOCA

foca

F f
F f

- OUÇA A LEITURA DO POEMA.

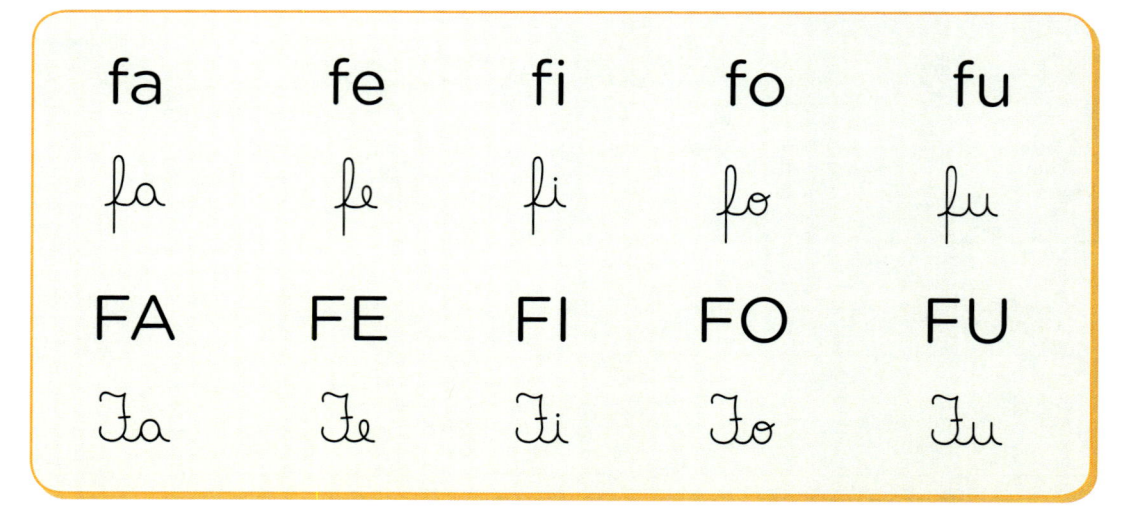

A FOCA

QUER VER A FOCA
FICAR FELIZ?
É PÔR UMA BOLA
NO SEU NARIZ.

QUER VER A FOCA
BATER PALMINHA?
É DAR A ELA
UMA SARDINHA.

QUER VER A FOCA
FAZER UMA BRIGA?
É ESPETAR ELA
BEM NA BARRIGA!

VINICIUS DE MORAES. *A ARCA DE NOÉ*: POEMAS INFANTIS. SÃO PAULO: COMPANHIA DAS LETRINHAS, 2005. P. 56.

ERIC ISSELTE

fa	fe	fi	fo	fu
fa	*fe*	*fi*	*fo*	*fu*
FA	FE	FI	FO	FU
Fa	*Fe*	*Fi*	*Fo*	*Fu*

TRABALHANDO O TEXTO

- QUE ANIMAL É CITADO NO POEMA?

  ☐ FOCA

  ☐ BALEIA

- DESENHE NO NARIZ DA FOCA O QUE A DEIXA FELIZ.

- CONTE PARA OS COLEGAS E A PROFESSORA O QUE DEIXA VOCÊ FELIZ.

- CUBRA O PONTILHADO, LEIA AS SÍLABAS FORMADAS E, DEPOIS, COPIE-AS.

fa   fe   fi   fo   fu

Fa   Fe   Fi   Fo   Fu

- ESCOLHA UMA DAS SÍLABAS DO QUADRO PARA COMPLETAR AS PALAVRAS E, DEPOIS, COPIE-AS.

FA   FO   FI

_____ CA   _____

_____ O   _____

_____ DA   _____

- OBSERVE AS ILUSTRAÇÕES. DEPOIS, ESCREVA NOS QUADRINHOS A SÍLABA INICIAL DO NOME DE CADA FIGURA.

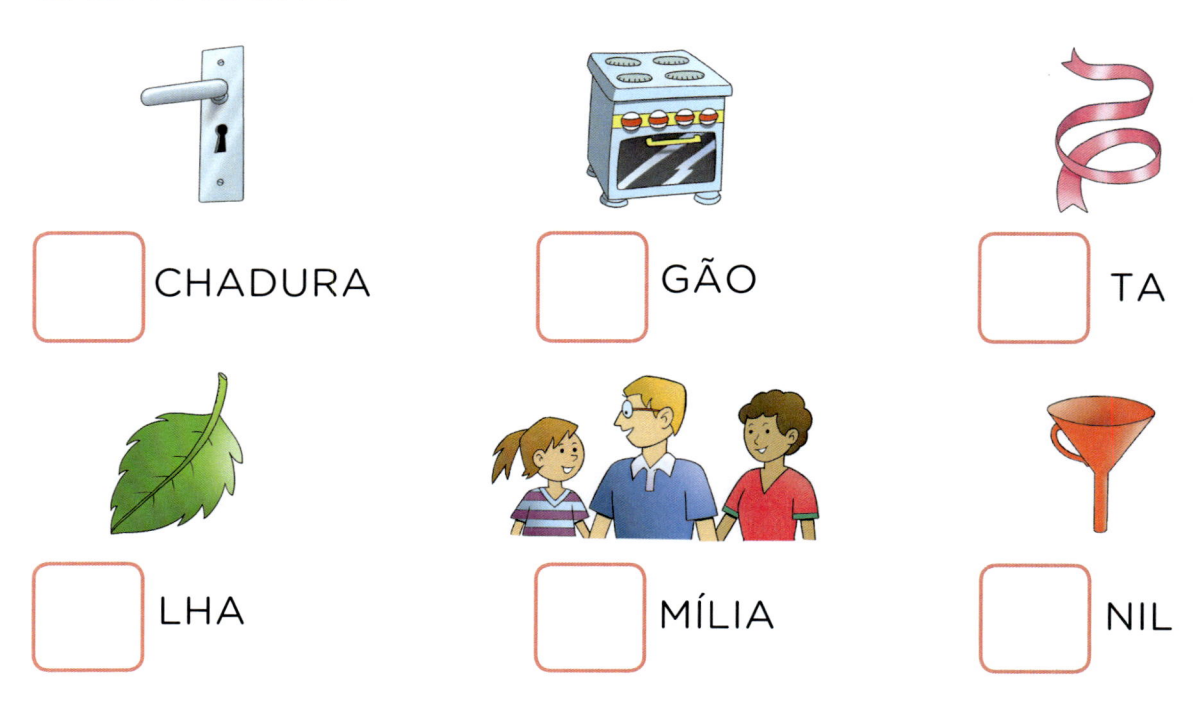

☐ CHADURA   ☐ GÃO   ☐ TA

☐ LHA   ☐ MÍLIA   ☐ NIL

- **FORME PALAVRAS COM AS SÍLABAS DO QUADRO DE ACORDO COM A NUMERAÇÃO.**

1 FA	2 BÁ	3 BO	4 CE	5 BE
6 DE	7 CA	8 FO	9 CU	10 DO
11 FU	12 DA	13 BI	14 CO	15 CI

1 — 7

11 — 2

13 — 7

15 — 12 — 6

8 — 7

3 — 6

13 — 9 — 10

14 — 7 — 12

10 — 4

5 — 13 — 12

- COMPLETE AS PALAVRAS COM A SÍLABA QUE FALTA. DEPOIS, COPIE-AS.

fa   fe   fi   fo   fu

_____ca   _____go   _____nil

_____guete   _____ca   _____ta

- CIRCULE NAS PALAVRAS ABAIXO AS SÍLABAS **FA**, **FE**, **FI**, **FO** E **FU**. DEPOIS, COPIE AS PALAVRAS.

FACA	FITA	FELIPE

FOTO	FUBÁ	FABIANA

- PROCURE, EM JORNAIS OU REVISTAS, PALAVRAS QUE COMECEM COM A SÍLABA EM DESTAQUE E COLE-AS NO QUADRO CORRESPONDENTE.

FA

FE

FI

FO

FU

LIÇÃO 9

GALO
galo

G g

- OUÇA A LEITURA DO POEMA.

GALO

É O REI DO TERREIRO!
CRISTA EMPINADA,
ESPORA AFIADA,
LÁ VAI O GARNIZÉ,
FAZENDO BANZÉ,
CANTAR NO POLEIRO!

WANIA AMARANTE. *COBRAS E LAGARTOS*. 4. ED. BELO HORIZONTE: MIGUILIM, 1987.

ga	ge	gi	go	gu
ga	*ge*	*gi*	*go*	*gu*
GA	GE	GI	GO	GU
Ga	*Ge*	*Gi*	*Go*	*Gu*

TRABALHANDO O TEXTO

- PINTE APENAS O ANIMAL QUE É O REI DO TERREIRO.

- QUANTAS LETRAS TEM A PALAVRA **GALO**?

- CUBRA O PONTILHADO E LEIA AS SÍLABAS FORMADAS. DEPOIS, COPIE-AS.

ga   ge   gi   go   gu

Ga   Ge   Gi   Go   Gu

- RISQUE A LETRA **G** QUE APARECE NAS PALAVRAS.

  GATO   GAVETA   GEMA   GOLA

  GELO   GOLEIRO   GUDE   GIBI

- AGORA, COPIE AS PALAVRAS DE ACORDO COM AS INDICAÇÕES.

GA

GE

GI

GO

GU

- LEIA AS PALAVRAS COM A AJUDA DA PROFESSORA. DEPOIS, PINTE AS SÍLABAS **GA**, **GO** E **GU** QUE NELAS APARECEM, SEGUINDO A COR E A POSIÇÃO INDICADA.

🟨 INÍCIO 🟥 MEIO 🟩 FIM

FOR MI GA   ZAN GA DO   GA VI ÃO

AR GO LA   CAN GU RU   MAN GA

A GU LHA   GA LE RA   FI GO

GA VE TA   FO GO   CO GU ME LO

- PINTE OS NOMES QUE COMEÇAM COM **GA**. DEPOIS, COPIE AS PALAVRAS.

GATA

GALINHA

MANGA

GAIOLA

- COMPLETE AS PALAVRAS COM **GA**, **GE**, **GI**, **GO** OU **GU**. DEPOIS, COPIE-AS.

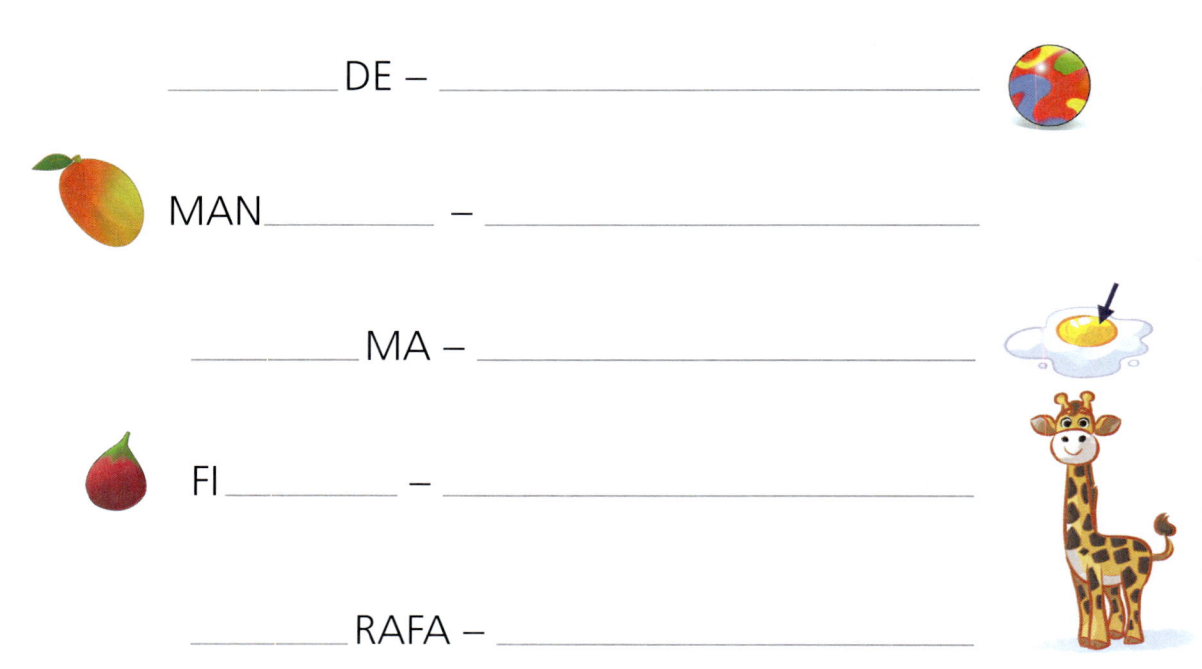

_____ DE – _____

MAN _____ – _____

_____ MA – _____

FI _____ – _____

_____ RAFA – _____

- IDENTIFIQUE E CIRCULE EM CADA QUADRO AS SÍLABAS QUE FORMAM A PALAVRA EM DESTAQUE.

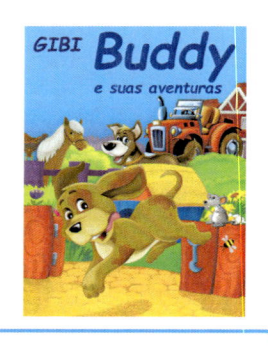

GIBI

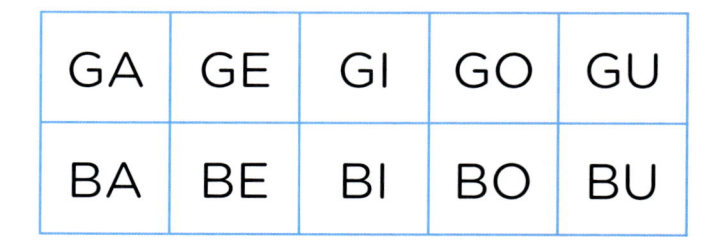

GA	GE	GI	GO	GU
BA	BE	BI	BO	BU

BIGODE

BA	BE	BI	BO	BU
GA	GE	GI	GO	GU
DA	DE	DI	DO	DU

58

- COM A AJUDA DA PROFESSORA, LEIA AS PALAVRAS ABAIXO. CIRCULE AS SÍLABAS **GA**, **GE**, **GI**, **GO** E **GU**. DEPOIS, COPIE AS SÍLABAS NOS QUADRINHOS.

gata

fogo

girafa

cogumelo

gelo

galinha

- ESCREVA AS PALAVRAS DO QUADRO NA COLUNA CORRETA.

girafa   Gorete   Geni   gado   Guto

g	G

LIÇÃO 10

HIPOPÓTAMO
hipopótamo

H h

- ACOMPANHE A LEITURA DO POEMA.

HIPOPÓTAMO

UM HIPOPÓTAMO NA BANHEIRA
MOLHA SEMPRE A CASA INTEIRA.
A ÁGUA CAI E SE ESPALHA,
MOLHA O CHÃO E A TOALHA.
E O HIPOPÓTAMO: NEM LIGO,
ESTOU LAVANDO O UMBIGO.

SÉRGIO CAPPARELLI. *POESIA FORA DA ESTANTE*.
PORTO ALEGRE: PROJETO, 1998.

ERIC ISSELEE/SHUTTERSTOCK

ha	he	hi	ho	hu
ha	he	hi	ho	hu
HA	HE	HI	HO	HU
Ha	He	Hi	Ho	Hu

60

TRABALHANDO O TEXTO

- COPIE O NOME DO ANIMAL QUE ENTROU NA BANHEIRA.

- COM OS COLEGAS E A PROFESSORA, CONTINUEM A HISTÓRIA DO HIPOPÓTAMO, RESPONDENDO ÀS PERGUNTAS ABAIXO:

  O QUE ACONTECEU QUANDO O HIPOPÓTAMO SAIU DA BANHEIRA?

  QUANDO O HIPOPÓTAMO JÁ ESTAVA PRONTO, O QUE ELE FOI FAZER?

- CUBRA O PONTILHADO E LEIA AS SÍLABAS FORMADAS. DEPOIS, COPIE-AS.

ha he hi ho hu

Ha He Hi Ho Hu

- OUÇA A LEITURA DO NOME DAS CRIANÇAS E PINTE A LETRA INICIAL. DEPOIS, COPIE OS NOMES.

HELENA

HUGO

HÉLIO

HEITOR

- LEIA AS PALAVRAS ABAIXO COM A AJUDA DA PROFESSORA. CIRCULE A LETRA **H**. DEPOIS, ILUSTRE-AS.

HOSPITAL

HOMEM

HIPOPÓTAMO

HIENA

- LIGUE À LETRA **H** AS FIGURAS CUJOS NOMES INICIAM COM ELA.

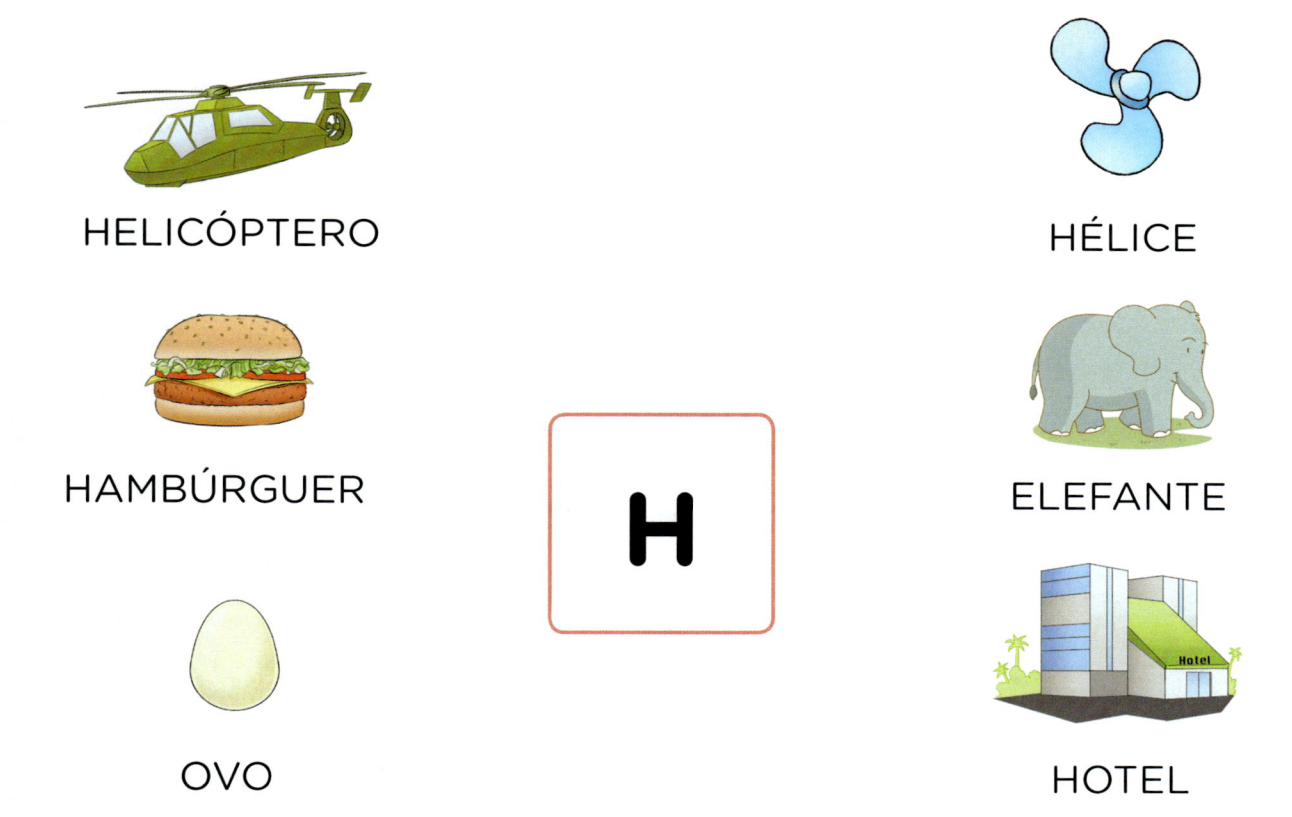

HELICÓPTERO

HÉLICE

HAMBÚRGUER

H

ELEFANTE

OVO

HOTEL

- ESCREVA AS PALAVRAS DO QUADRO NA COLUNA CORRETA.

| Hebe | hora | Hélio |
| hino | hélice | Helena |

h	H

63

LIÇÃO 11

JACARÉ
jacaré

J j

- ACOMPANHE A LEITURA DA PROFESSORA.

JACARÉ
EU CONHEÇO UM JACARÉ
QUE GOSTA DE COMER
ESCONDAM SEUS OLHINHOS
SENÃO O JACARÉ
COME SEUS OLHINHOS E O DEDÃO DO PÉ

EU CONHEÇO UM JACARÉ
QUE GOSTA DE COMER
ESCONDAM SUAS ORELHAS
SENÃO O JACARÉ
COME SUAS ORELHAS E O DEDÃO DO PÉ

DOMÍNIO PÚBLICO.

ALEXANDER CHEREDNICHENKO

ja	je	ji	jo	ju
ja	je	ji	jo	ju
JA	JE	JI	JO	JU
Ja	Je	Ji	Jo	Ju

TRABALHANDO O TEXTO

- PINTE O ANIMAL CITADO NO TEXTO.

- CIRCULE AS PARTES DO CORPO CITADAS NO TEXTO.

OLHOS	NARIZ
MÃO	DEDÃO
ORELHAS	BOCA

- CUBRA O PONTILHADO E LEIA AS SÍLABAS FORMADAS. DEPOIS, COPIE-AS.

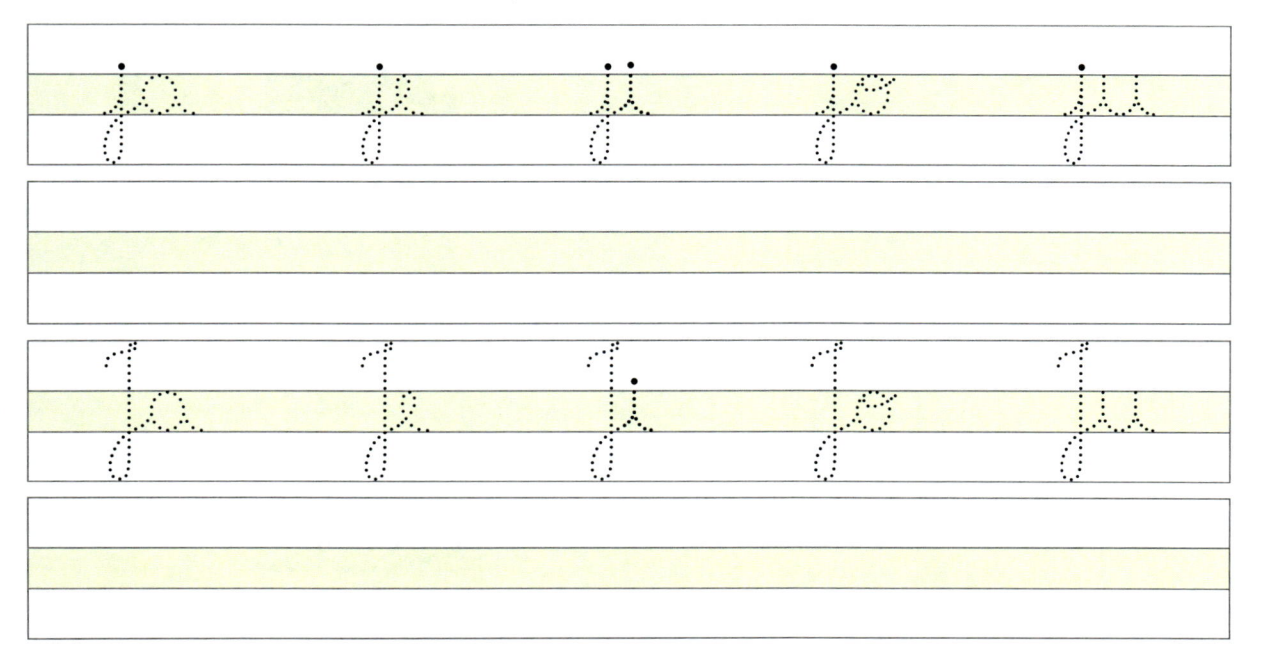

ja je ji jo ju

Ja Je Ji Jo Ju

- **ESCREVA NOS QUADRINHOS A SÍLABA INICIAL DO NOME DE CADA FIGURA.**

JA   JE   JI   JO   JU

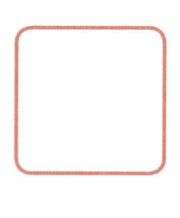

- CIRCULE, NAS PALAVRAS, AS SÍLABAS **JA**, **JE**, **JI**, **JO** OU **JU**.

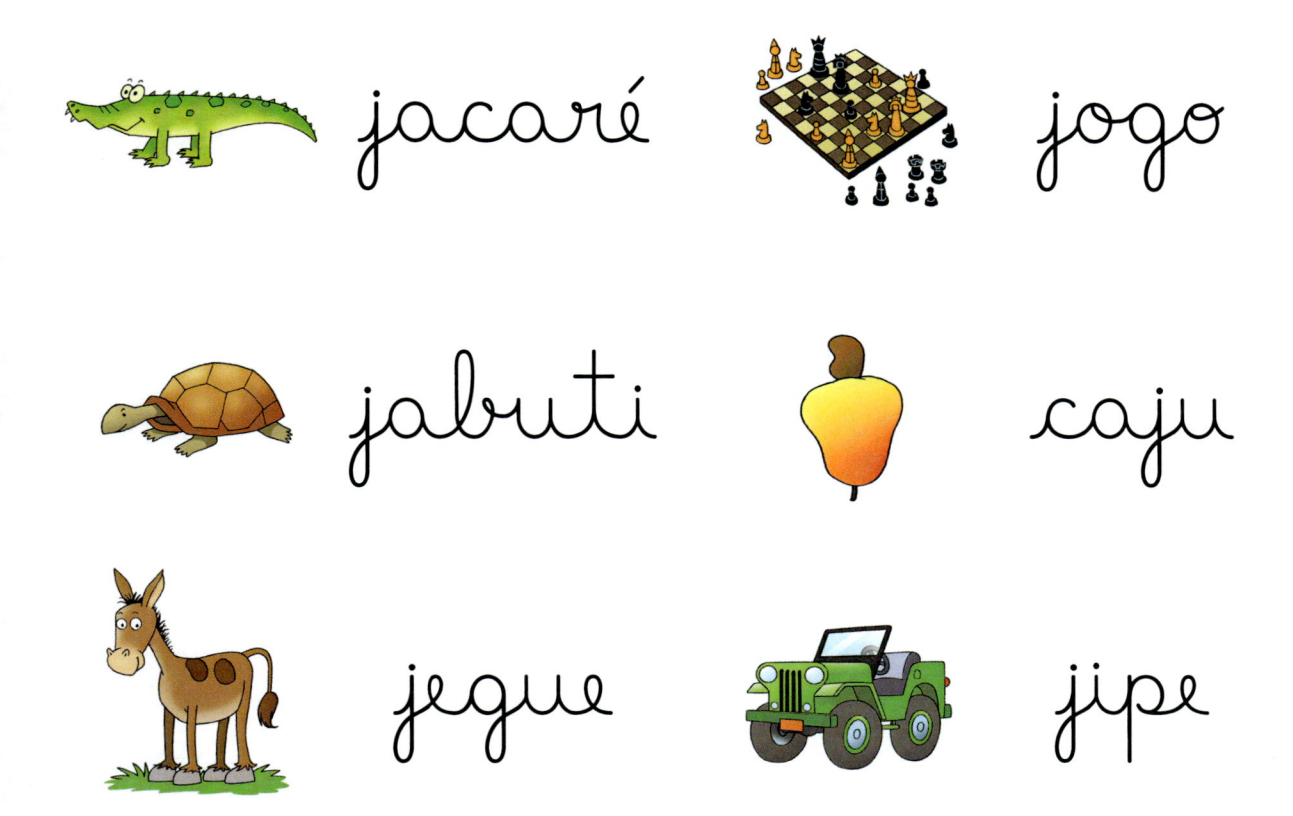

jacaré

jogo

jabuti

caju

jegue

jipe

- JUNTE AS SÍLABAS, FORME PALAVRAS E ESCREVA-AS.

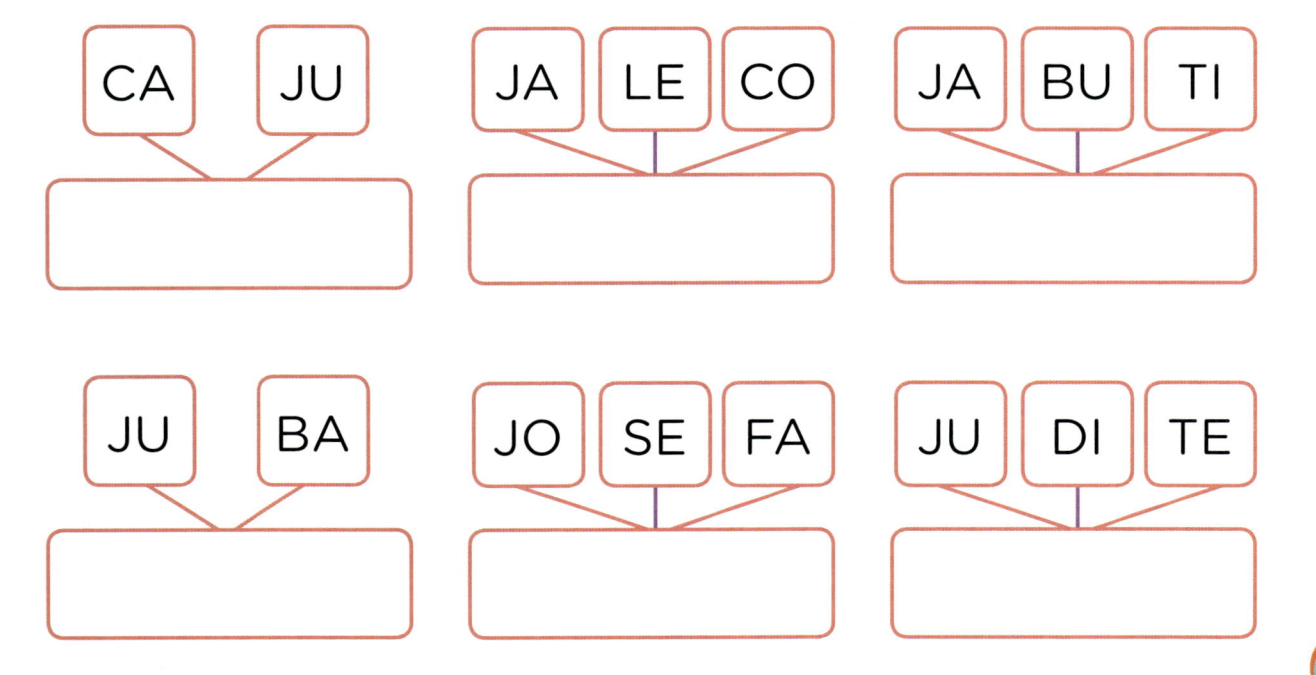

| CA | JU |

| JA | LE | CO |

| JA | BU | TI |

| JU | BA |

| JO | SE | FA |

| JU | DI | TE |

- LIGUE AS PALAVRAS IGUAIS E COPIE-AS.

jaca	Juliana	
jipe	janela	
Juliana	João	
janela	jipe	
João	jaca	

- COM A AJUDA DA PROFESSORA, LEIA AS PALAVRAS A SEGUIR. DEPOIS, COPIE-AS.

jaca

beijo

caju

Joca

- QUANTAS LETRAS TEM CADA PALAVRA?

JABUTI ☐ BEIJO ☐

CAJU ☐ JIA ☐

JACARÉ ☐ JABUTICABA ☐

- CIRCULE A PALAVRA QUE TEM A MENOR QUANTIDADE DE LETRAS.

- SEPARE AS PALAVRAS EM SÍLABAS.

JOSEFA			
JANETE			
JUDITE			
JANICE			

- ESCREVA AS PALAVRAS DO QUADRO NA COLUNA CORRETA.

Juca   judô   juba   jujuba   Júlio

j	J

LIÇÃO 12

KIRIKU
Kiriku

K k
K k

- OBSERVE A CAPA DO LIVRO E ACOMPANHE A LEITURA DA PROFESSORA.

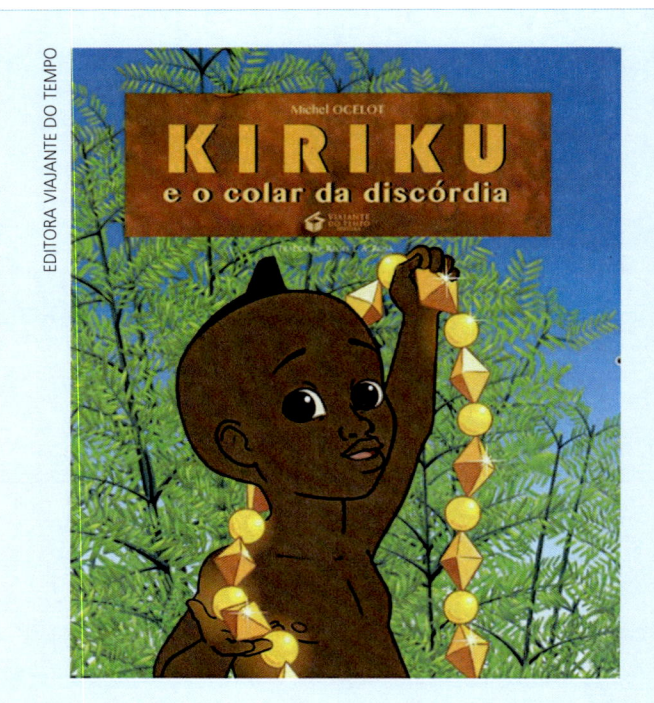

EDITORA VIAJANTE DO TEMPO

Michel OCELOT
KIRIKU
e o colar da discórdia

O LIVRO *KIRIKU E O COLAR DA DISCÓRDIA*, DE MICHEL OCELOT, CONTA UMA AVENTURA EMOCIONANTE DO INCRÍVEL HERÓI AFRICANO, O PEQUENINO, ESPERTO E VALENTE KIRIKU.

UM COLAR DE OURO É DADO DE PRESENTE PELA MALVADA KARABA, A FEITICEIRA, PARA SER USADO PELA ALDEÃ MAIS HONRADA. ISSO GERA DISCÓRDIA, POIS O COLAR ATRAI A COBIÇA E A RAIVA DE TODAS AS MULHERES DA ALDEIA. ESSE CONFLITO REQUER O TALENTO E A CRIATIVIDADE DE KIRIKU, QUE VÊ ADULTOS SE COMPORTANDO COMO PESSOAS IMATURAS E EGOÍSTAS.

TRABALHANDO O TEXTO

- MARQUE UM **X** NAS RESPOSTAS.

    O NOME DO PEQUENO HERÓI AFRICANO.

    ☐ KIRIKU ☐ KIKO

    O NOME DA MALVADA DA HISTÓRIA.

    ☐ KARLA ☐ KARABA

    > A LETRA **K** É MAIS USADA EM NOMES PRÓPRIOS E EM PALAVRAS DE ORIGEM ESTRANGEIRA.

- CUBRA O PONTILHADO PARA FORMAR LETRAS E, DEPOIS, COPIE-AS.

    k   k   k   k   k   k

    K   K   K   K   K   K

- ACOMPANHE A LEITURA DOS NOMES QUE A PROFESSORA IRÁ FAZER. DEPOIS, COPIE-OS.

Keli

Kauã

Kleiton

Karina

- RISQUE A LETRA **K** NAS PALAVRAS A SEGUIR.

KIKO

KÁTIA

SKATE

KUNG FU

KIWI

• LIGUE OS NOMES IGUAIS E, DEPOIS, COPIE-OS.

KAIQUE	Kátia
KIKO	Kevin
KEVIN	Keli
KÁTIA	Kauã
KARINA	Kaique
KELI	Kiko
KAUÃ	Karina

- ACOMPANHE A LEITURA DA PROFESSORA.

KETCHUP CASEIRO

INGREDIENTES
1 LATA DE EXTRATO DE TOMATE
1/2 LATA DE VINAGRE (UTILIZAR A LATA DE EXTRATO DE TOMATE COMO MEDIDA)
2 COLHERES (SOPA) DE AÇÚCAR
1 COLHER (CHÁ) DE SAL
1 COLHER (CHÁ) DE MOLHO DE PIMENTA

MODO DE FAZER
EM UMA TIGELA, MISTURE TODOS OS INGREDIENTES E ESTÁ PRONTO.

- COPIE NO ESPAÇO ABAIXO O NOME DA RECEITA.

- MARQUE COM UM **X** OS INGREDIENTES DA RECEITA DO KETCHUP.

  - ☐ EXTRATO DE MILHO
  - ☐ EXTRATO DE TOMATE
  - ☐ ÁGUA MINERAL
  - ☐ MOLHO DE PIMENTA
  - ☐ VINAGRE
  - ☐ SAL
  - ☐ AÇÚCAR
  - ☐ CANELA

- RESPONDA ORALMENTE: VOCÊ COSTUMA USAR KETCHUP NAS REFEIÇÕES? EM QUAIS ALIMENTOS?

LIÇÃO 13

LEÃO
leão

L l
L l

VAMOS CANTAR?

O LEÃOZINHO

GOSTO MUITO DE TE VER, LEÃOZINHO
CAMINHANDO SOB O SOL
GOSTO MUITO DE VOCÊ, LEÃOZINHO
PARA DESENTRISTECER, LEÃOZINHO
O MEU CORAÇÃO TÃO SÓ
BASTA EU ENCONTRAR VOCÊ NO CAMINHO.
UM FILHOTE DE LEÃO.
[...]

CAETANO VELOSO.

la le li lo lu
la le li lo lu
LA LE LI LO LU
La Le Li Lo Lu

TRABALHANDO O TEXTO

- LIGUE OS NÚMEROS E COMPLETE O ANIMAL CITADO NO TEXTO.

- CONTE PARA OS COLEGAS: O QUE DESENTRISTECE O CORAÇÃO DESSE COMPOSITOR?

- VOCÊ JÁ VIU ALGUM LEÃO? CONVERSE COM OS COLEGAS.

- CUBRA O PONTILHADO, LEIA AS SÍLABAS FORMADAS E, DEPOIS, COPIE-AS.

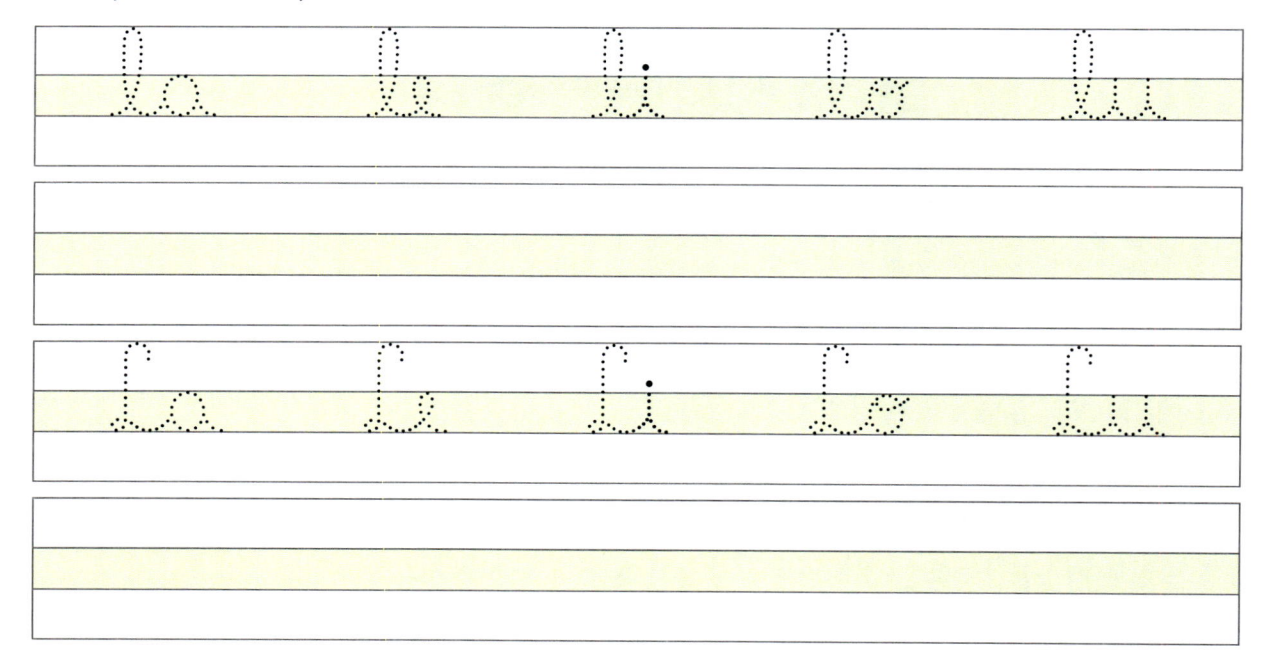

la   le   li   lo   lu

La   Le   Li   Lo   Lu

- AS LETRAS ESTÃO EMBARALHADAS. COLOQUE-AS NA ORDEM CORRETA PARA FORMAR OS NOMES DAS FIGURAS. DEPOIS, COPIE AS PALAVRAS FORMADAS.

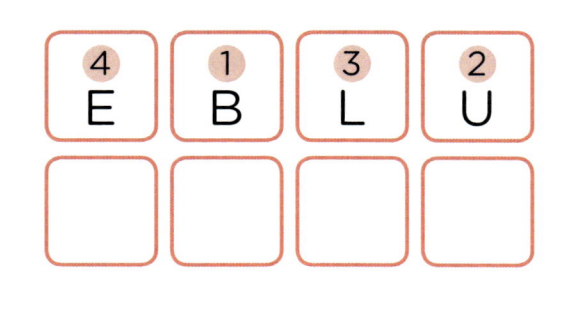

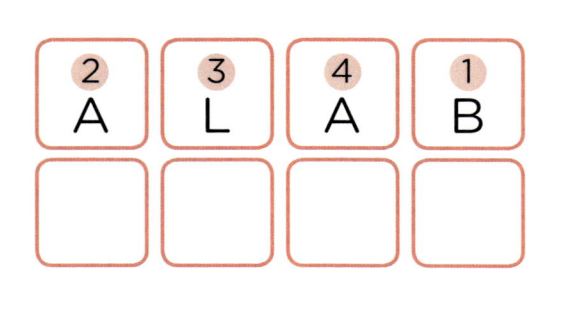

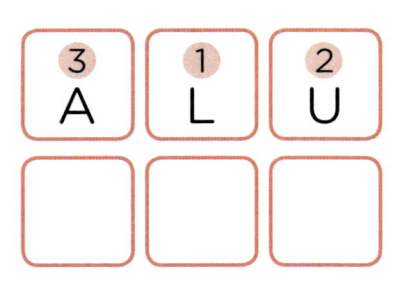

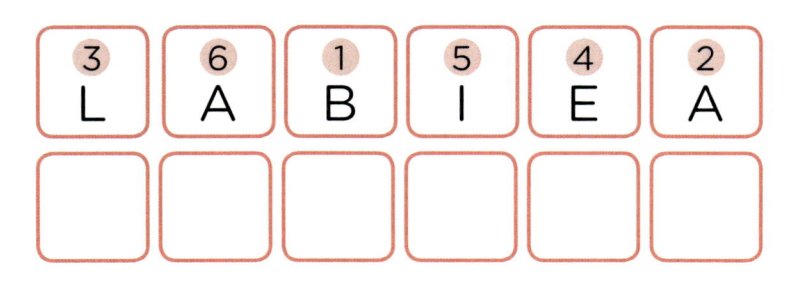

4	1	3	2
E	B	L	U

_____

2	3	4	1
A	L	A	B

_____

3	1	2
A	L	U

_____

3	6	1	5	4	2
L	A	B	I	E	A

_____

- COMPLETE AS PALAVRAS COM AS SÍLABAS **LA**, **LE**, **LI**, **LO** E **LU** E COPIE-AS.

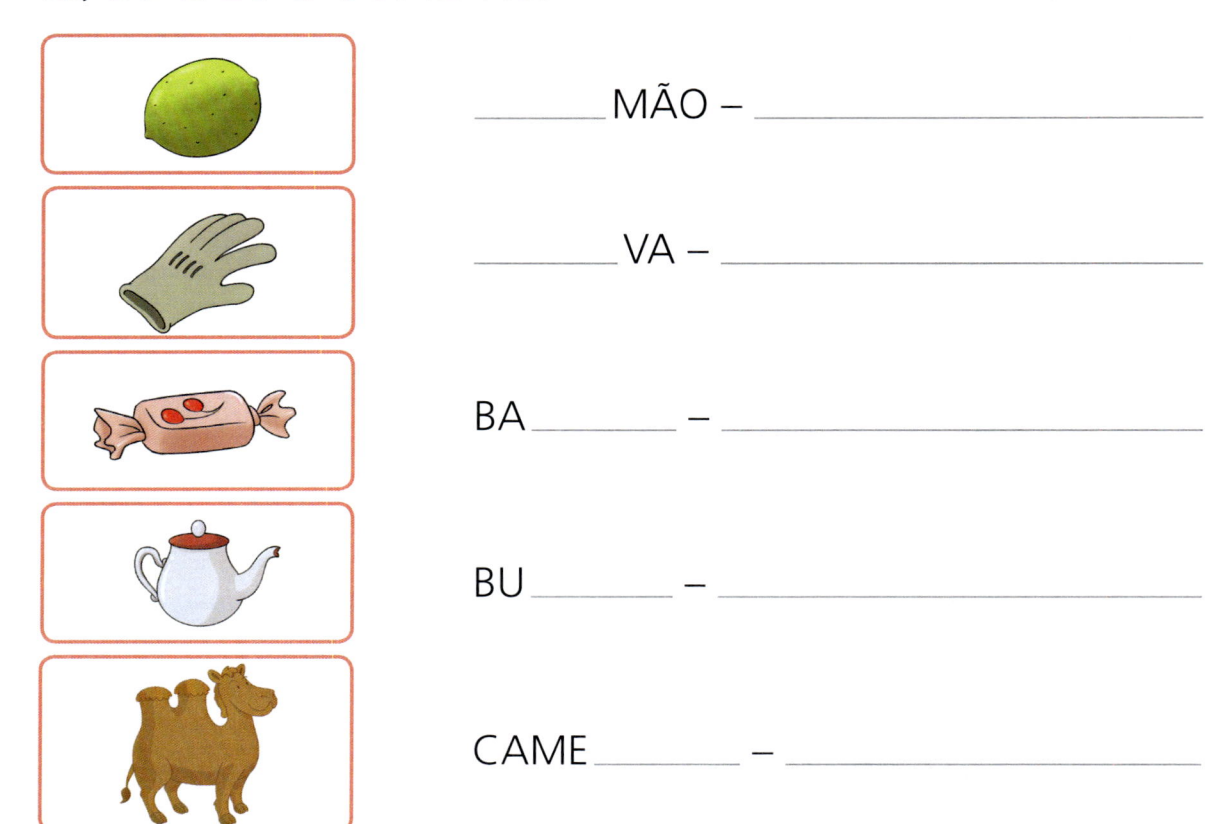

_____ MÃO – _____

_____ VA – _____

BA _____ – _____

BU _____ – _____

CAME _____ – _____

- ESCREVA AS PALAVRAS DO QUADRO NA COLUNA CORRETA.

lobo   Lígia   lado
lua   Leda

l	L

- OBSERVE AS IMAGENS. DEPOIS, COMPLETE AS PALAVRAS E COPIE-AS.

la   le   li   lo   lu

ma____

____xo

____garto

mo____

ga____

ge____

- LEIA OS NOMES COM A AJUDA DA PROFESSORA. DEPOIS, COPIE-OS.

LARA		LAILA	
LEDA		LEO	
LUCILA		LETÍCIA	
LORENA		LUCAS	

- ASSINALE COM UM **X** O NOME DE CADA FIGURA.

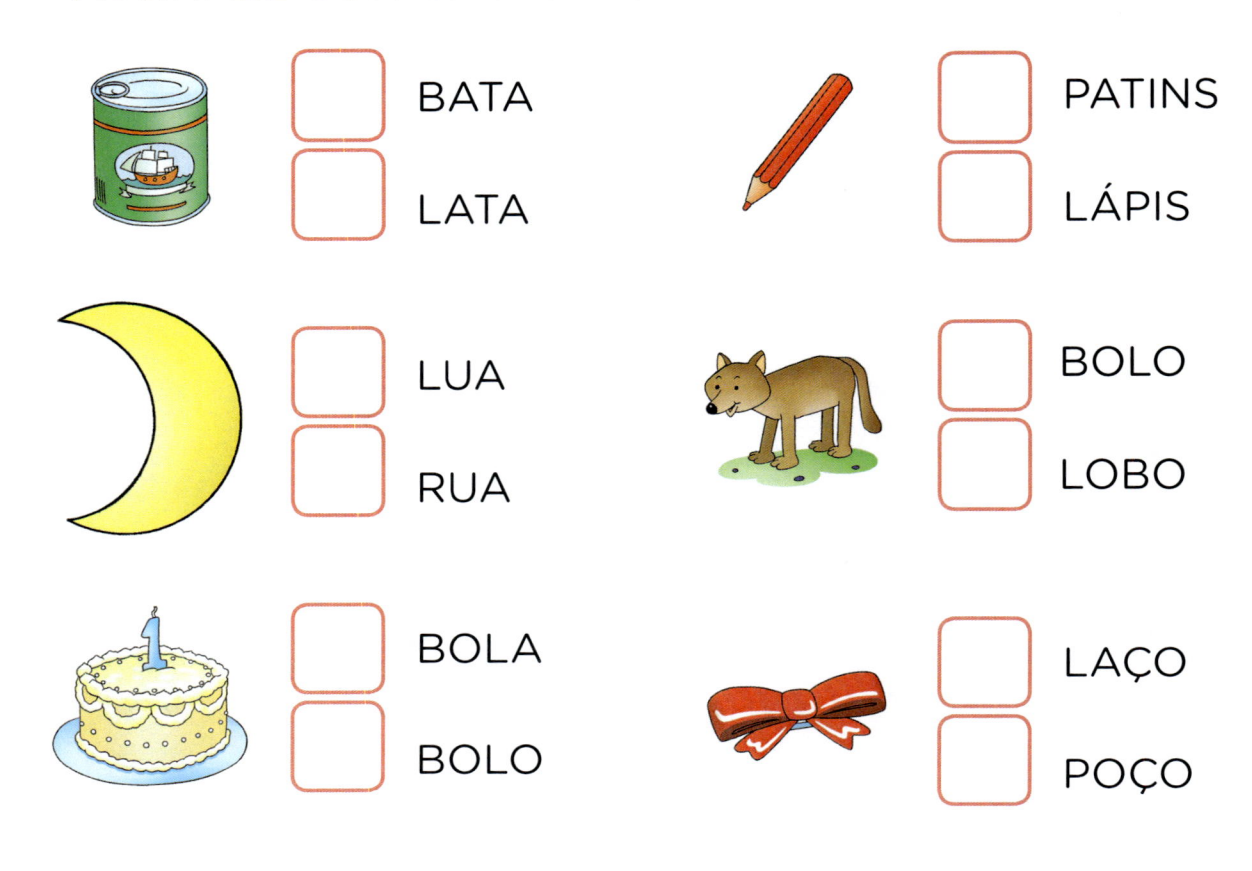

☐ BATA
☐ LATA

☐ PATINS
☐ LÁPIS

☐ LUA
☐ RUA

☐ BOLO
☐ LOBO

☐ BOLA
☐ BOLO

☐ LAÇO
☐ POÇO

- LEIA AS PALAVRAS COM A AJUDA DA PROFESSORA E, DEPOIS, COPIE-AS.

lobo

lata

luneta

leão

- NUMERE AS PALAVRAS DE ACORDO COM AS FIGURAS.

1	2	3	4	5
6	7	8	9	10
11	12	13	14	15

☐ BOLO ☐ ELEFANTE ☐ DADO

☐ FACA ☐ KIWI ☐ HIENA

☐ ABACAXI ☐ GALO ☐ IOIÔ

☐ JANELA ☐ CAJU ☐ LEÃO

☐ OVO ☐ MOLA ☐ URUBU

LIÇÃO 14

MOTORISTA
motorista

M m
M m

VAMOS CANTAR?

MOTORISTA

MOTORISTA, MOTORISTA
OLHA A PISTA,
OLHA A PISTA,
NÃO É DE SALSICHA,
NÃO É DE SALSICHA,
NÃO É NÃO,
NÃO É NÃO.

MOTORISTA, MOTORISTA
OLHA O POSTE,
OLHA O POSTE,
NÃO É DE BORRACHA,
NÃO É DE BORRACHA,
NÃO É NÃO,
NÃO É NÃO.

DOMÍNIO PÚBLICO.

ma	me	mi	mo	mu
ma	*me*	*mi*	*mo*	*mu*
MA	ME	MI	MO	MU
Ma	*Me*	*Mi*	*Mo*	*Mu*

TRABALHANDO O TEXTO

- CIRCULE A IMAGEM DA PROFISSÃO CITADA NA CANÇÃO.

- CUBRA O PONTILHADO, LEIA AS SÍLABAS FORMADAS E, DEPOIS, COPIE-AS.

ma me mi mo mu

Ma Me Mi Mo Mu

- PINTE TODAS AS FIGURAS QUE COMEÇAM COM A LETRA **M**.

| MOEDA | MULA | CAMA | MINHOCA |

| BOLA | MELÃO | MENINA | MILHO |

- ESCREVA A SÍLABA QUE FALTA NO INÍCIO DAS PALAVRAS. DEPOIS, COPIE-A AO LADO DE CADA FIGURA.

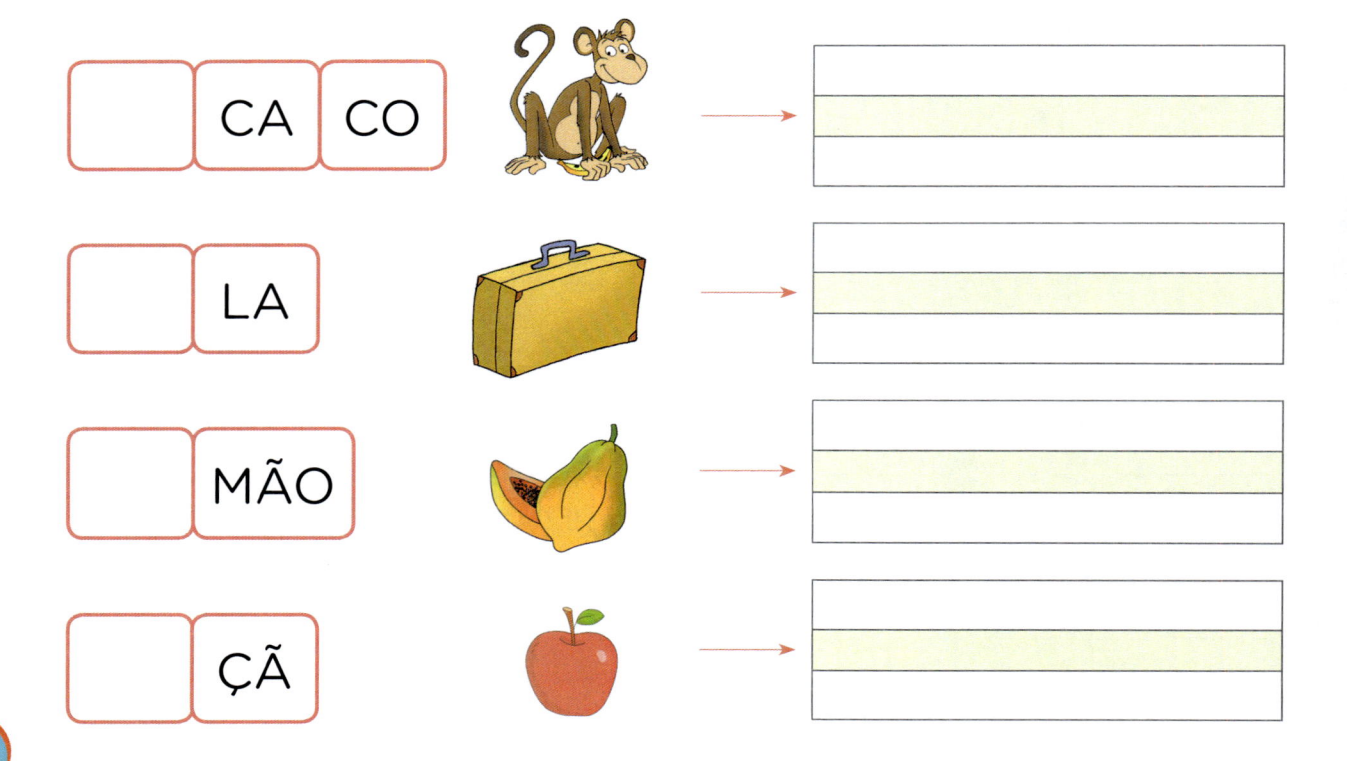

| | CA | CO |

| | LA |

| | MÃO |

| | ÇÃ |

- LEIA E RELACIONE AS PALAVRAS QUE COMEÇAM COM A MESMA SÍLABA.

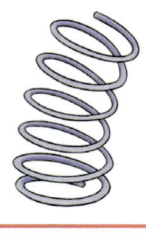

MACACO	MILHO
MESA	MOTO
MICO	MULHER
MOLA	MALA
MULA	MENINO

- ESCREVA A SÍLABA INICIAL DO NOME DE CADA FIGURA E COPIE A PALAVRA FORMADA. UTILIZE AS SÍLABAS DO QUADRO A SEGUIR.

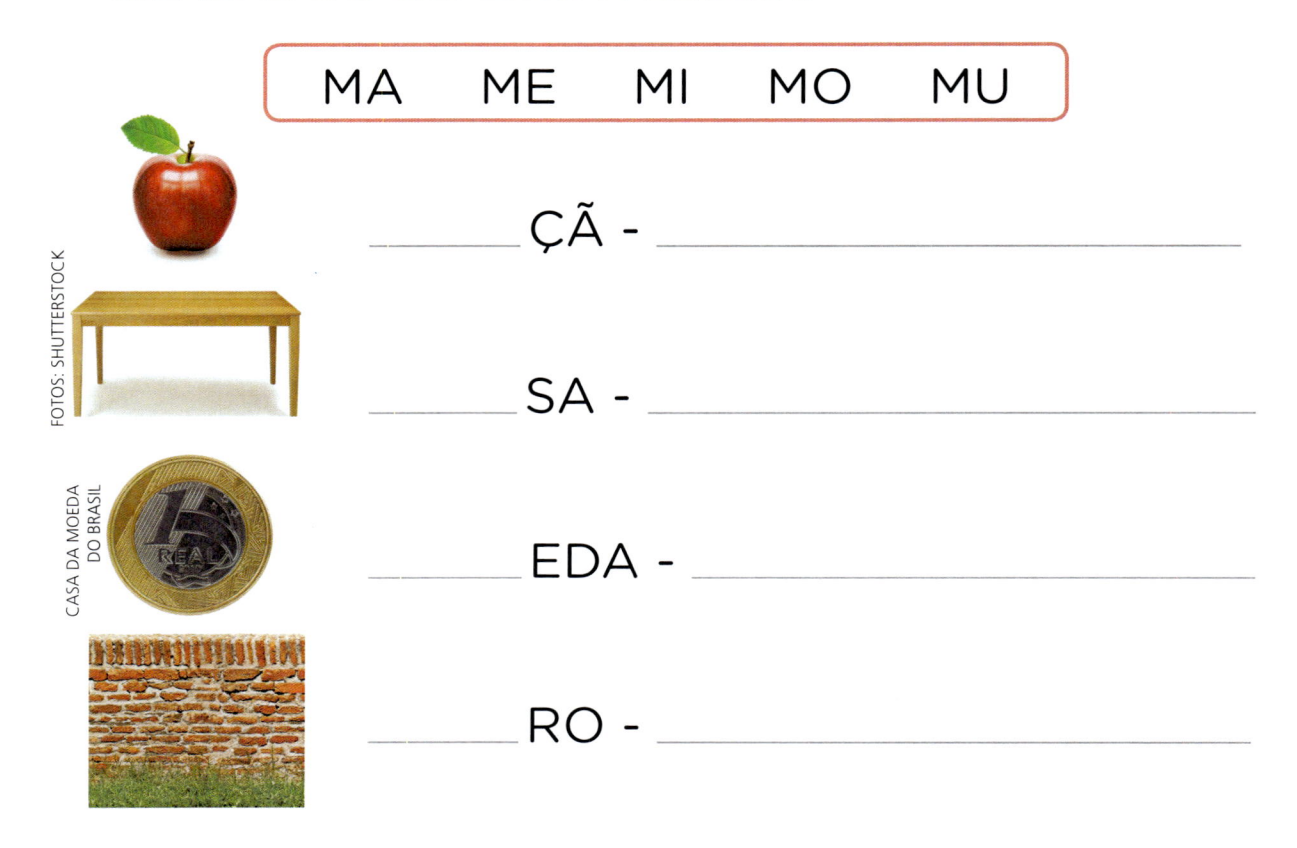

| MA | ME | MI | MO | MU |

_____ ÇÃ - _____

_____ SA - _____

_____ EDA - _____

_____ RO - _____

- OUÇA A LEITURA DA ADIVINHA E DESENHE A RESPOSTA AO LADO.

O QUE É, O QUE É?

PULO DE GALHO EM GALHO
TENHO UMA CAUDA LONGA
E ADORO COMER BANANA?

DOMÍNIO PÚBLICO.

86

- ESCREVA O NOME DAS FIGURAS USANDO AS PALAVRAS DO QUADRO A SEGUIR.

meia   moto   mola   mala

- ESCREVA AS PALAVRAS DO QUADRO NA COLUNA CORRETA.

Malala   mole   macaco
mala   mico   Magali

m	M

87

LIÇÃO 15

NUVEM
nuvem

N	n
N	*n*

VAMOS RECITAR?

N

N DE NAVIO E DE NÍQUEL,
NAVEGANTE, NUNCA E NAÇÃO,
NOVO, NATAL, NEVE, NUVEM,
NETO, NETA, NAMORADO, NÃO.

DARCI MARIA BRIGNANI. *DE A A Z, DE 1 A 10...* SÃO PAULO: COMPANHIA EDITORA NACIONAL, 2005.

na	ne	ni	no	nu
na	*ne*	*ni*	*no*	*nu*
NA	NE	NI	NO	NU
Na	*Ne*	*Ni*	*No*	*Nu*

TRABALHANDO O TEXTO

- PINTE AS FIGURAS QUE REPRESENTAM ALGUMAS PALAVRAS DO TEXTO.

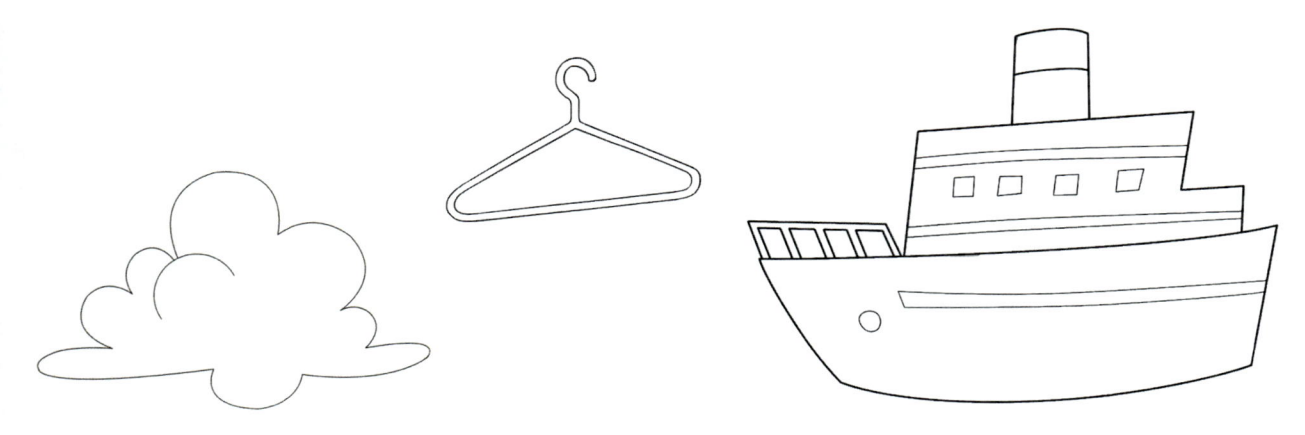

- QUAL PALAVRA DO TEXTO REPRESENTA O QUE VOCÊ É DO VOVÔ E DA VOVÓ?

- CUBRA O PONTILHADO, LEIA AS SÍLABAS FORMADAS E, DEPOIS, COPIE-AS.

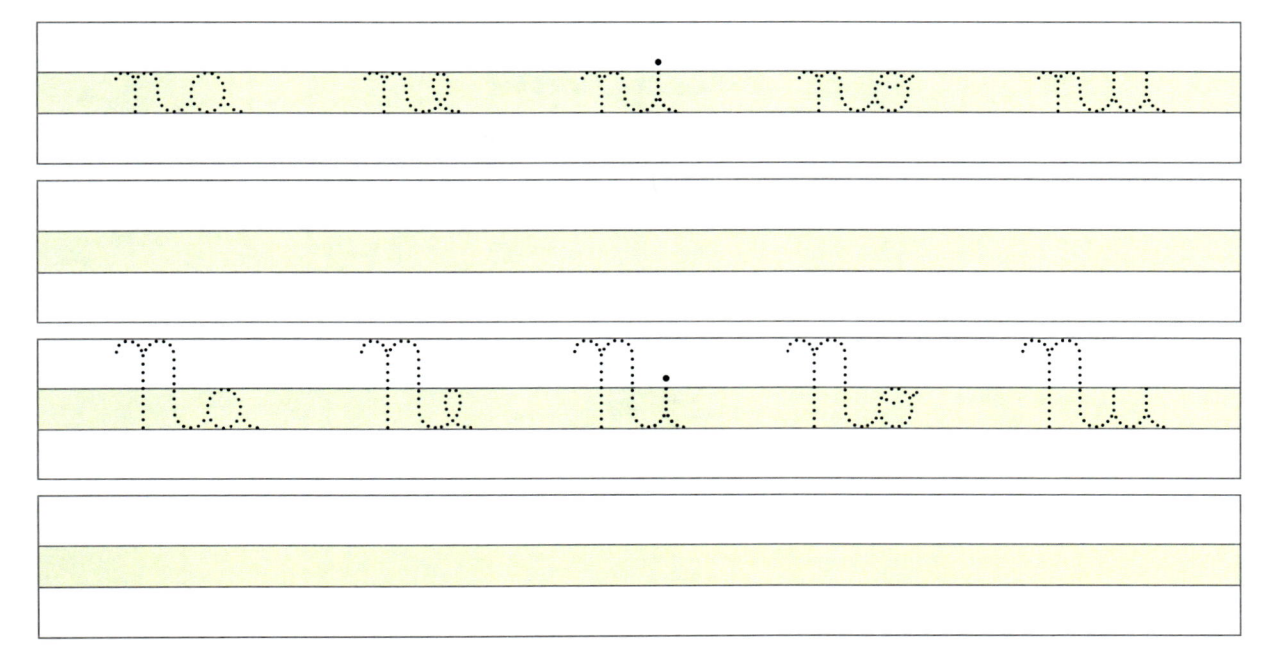

na   ne   ni   no   nu

Na   Ne   Ni   No   Nu

- CIRCULE AS SÍLABAS **NA**, **NE**, **NI**, **NO** E **NU** QUE APARECEM NAS PALAVRAS A SEGUIR.

BANANA

CANA

MENINA

CANUDO

CANOA

BONÉ

- OBSERVE AS ILUSTRAÇÕES E ESCREVA A SÍLABA INICIAL DO NOME DE CADA UMA.

- PINTE AS SÍLABAS **NA**, **NE**, **NI**, **NO** E **NU** DAS PALAVRAS A SEGUIR DE ACORDO COM A LEGENDA. DEPOIS, COPIE A SÍLABA PINTADA NO QUADRINHO.

NA NE NI NO NU

BANANA

CANOA

NOVELO

CANUDO

ÔNIBUS

MENINO

BONECA

NAVIO

CANETA

- CIRCULE AS LETRAS QUE FORMAM O NOME DA FIGURA. DEPOIS, JUNTE AS LETRAS E ESCREVA ESSE NOME.

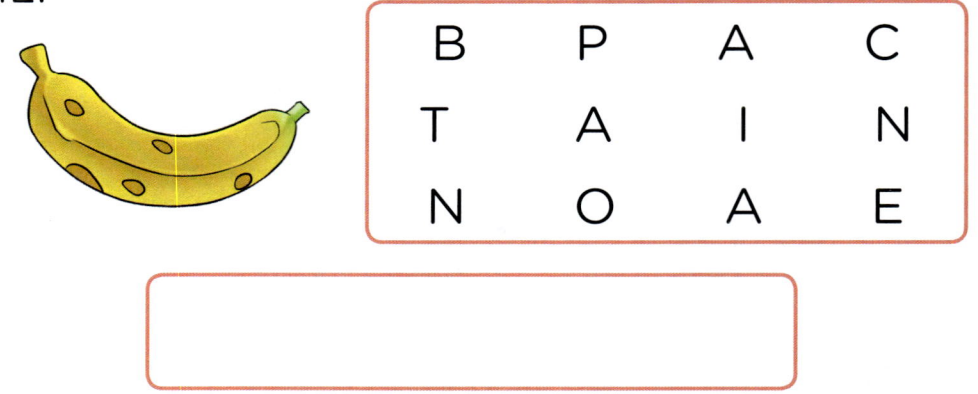

B	P	A	C
T	A	I	N
N	O	A	E

- OUÇA A LEITURA E MARQUE UM X NA RESPOSTA CORRETA.

VOCÊ FORMOU O NOME DE:

☐ UM BRINQUEDO.   ☐ UMA FRUTA.

☐ UM LEGUME.   ☐ UMA FLOR.

- LIGUE AS PALAVRAS ÀS FIGURAS CORRESPONDENTES.

NUVEM

BONECA

MENINA

- FORME PALAVRAS JUNTANDO AS SÍLABAS DE ACORDO COM A NUMERAÇÃO.

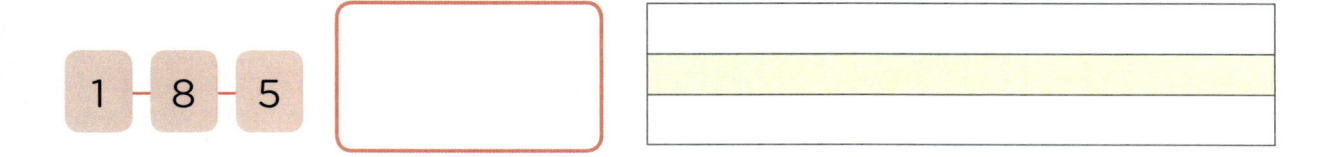

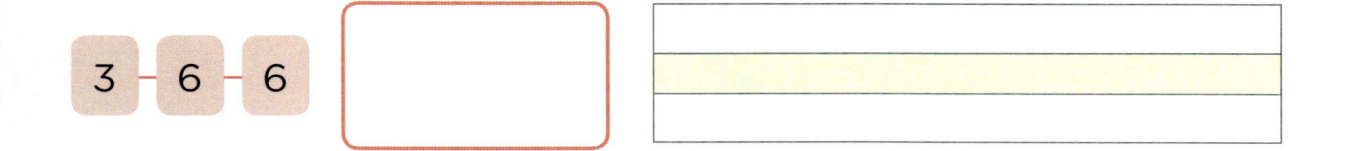

1 BO	2 ME	3 BA	4 NI	5 CA
6 NA	7 NU	8 NE	9 DO	10 LA

1 - 8 - 5

3 - 6 - 6

2 - 4 - 6

5 - 6

5 - 8 - 10

5 - 7 - 9

LIÇÃO 16

PAPAGAIO
papagaio

P p
p p

VAMOS CANTAR?

PAPAGAIO LOURO

PAPAGAIO LOURO
DO BICO DOURADO,
LEVA ESTA CARTINHA
PARA O MEU NAMORADO.

SE ESTIVER DORMINDO,
BATA NA PORTA.
SE ESTIVER ACORDADO,
DEIXE O RECADO.

DOMÍNIO PÚBLICO.

pa	pe	pi	po	pu
pa	*pe*	*pi*	*po*	*pu*
PA	PE	PI	PO	PU
Pa	*Pe*	*Pi*	*Po*	*Pu*

94

TRABALHANDO O TEXTO

- PINTE O ANIMAL CITADO NO TEXTO.

- CIRCULE O QUE O PAPAGAIO ESTAVA LEVANDO.

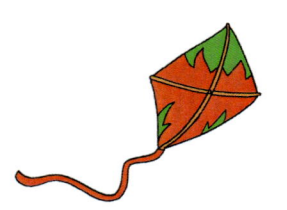

- MARQUE UM **X** NA RESPOSTA CORRETA.
  O CORPO DO PAPAGAIO É COBERTO DE:

  ☐ PELO ☐ PENA ☐ PANO

- CUBRA O PONTILHADO, LEIA AS SÍLABAS FORMADAS E, DEPOIS, COPIE-AS.

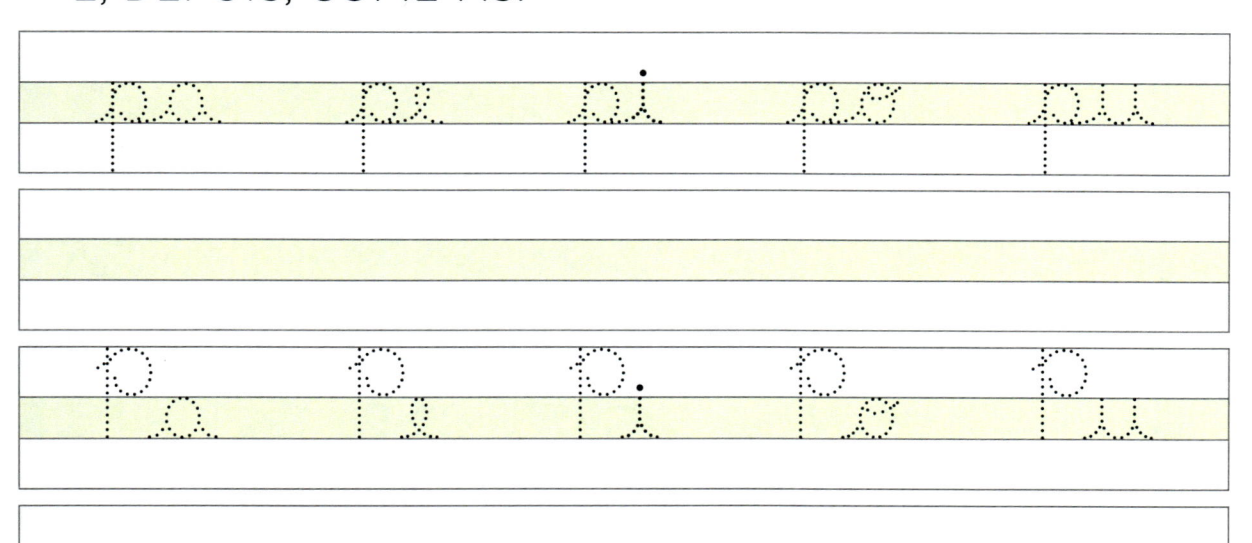

pa pe pi po pu

Pa Pe Pi Po Pu

- RISQUE A LETRA **P** NAS PALAVRAS A SEGUIR.

| PERIQUITO | PAREDE | PEPINO |

| PULO | PIPA | PIRATA |

| PICOLÉ | PALITO | PANO |

- ESCREVA NOS QUADRINHOS A LETRA INICIAL DO NOME DE CADA FIGURA.

- AGORA, JUNTE AS LETRAS, ESCREVA A PALAVRA FORMADA E FAÇA UMA ILUSTRAÇÃO DELA.

- LEIA AS PALAVRAS COM A AJUDA DA PROFESSORA. DEPOIS, CIRCULE AS SÍLABAS **PA**, **PE**, **PI**, **PO** E **PU** QUE NELAS APARECEM.

| PATO | PENA | PIA |

| PIANO | PÁ | PICOLÉ |

- SUBSTITUA OS CÓDIGOS PELAS SÍLABAS E DESCUBRA OS NOMES DAS FIGURAS. DEPOIS, COPIE AS PALAVRAS.

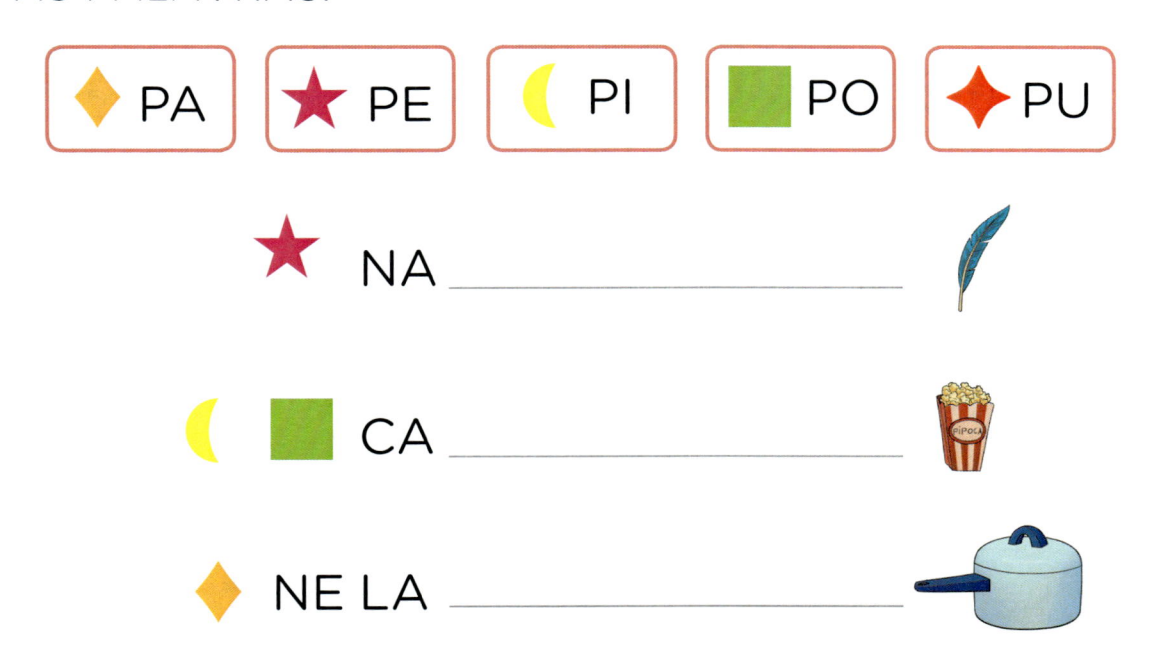

◆ PA   ★ PE   ☾ PI   ▪ PO   ◆ PU

★ NA _____

☾ ▪ CA _____

◆ NE LA _____

- RELACIONE AS PALAVRAS ÀS FIGURAS CORRESPONDENTES.

PIPOCA

PIPA

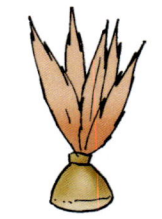

PIA

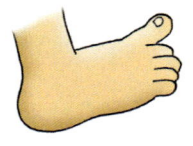

PENA

PIÃO

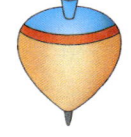

PÉ

PETECA

- ENCONTRE E PINTE AS PALAVRAS NO QUADRO CONFORME A LEGENDA.

🟨 PETECA
🟩 PIPOCA
🟥 PIPA

B	I	P	E	T	E	C	A
C	A	F	I	C	B	U	L
O	G	A	E	P	I	P	A
P	I	P	O	C	A	E	R

- LEIA AS PALAVRAS COM A AJUDA DA PROFESSORA. DEPOIS, COPIE-AS.

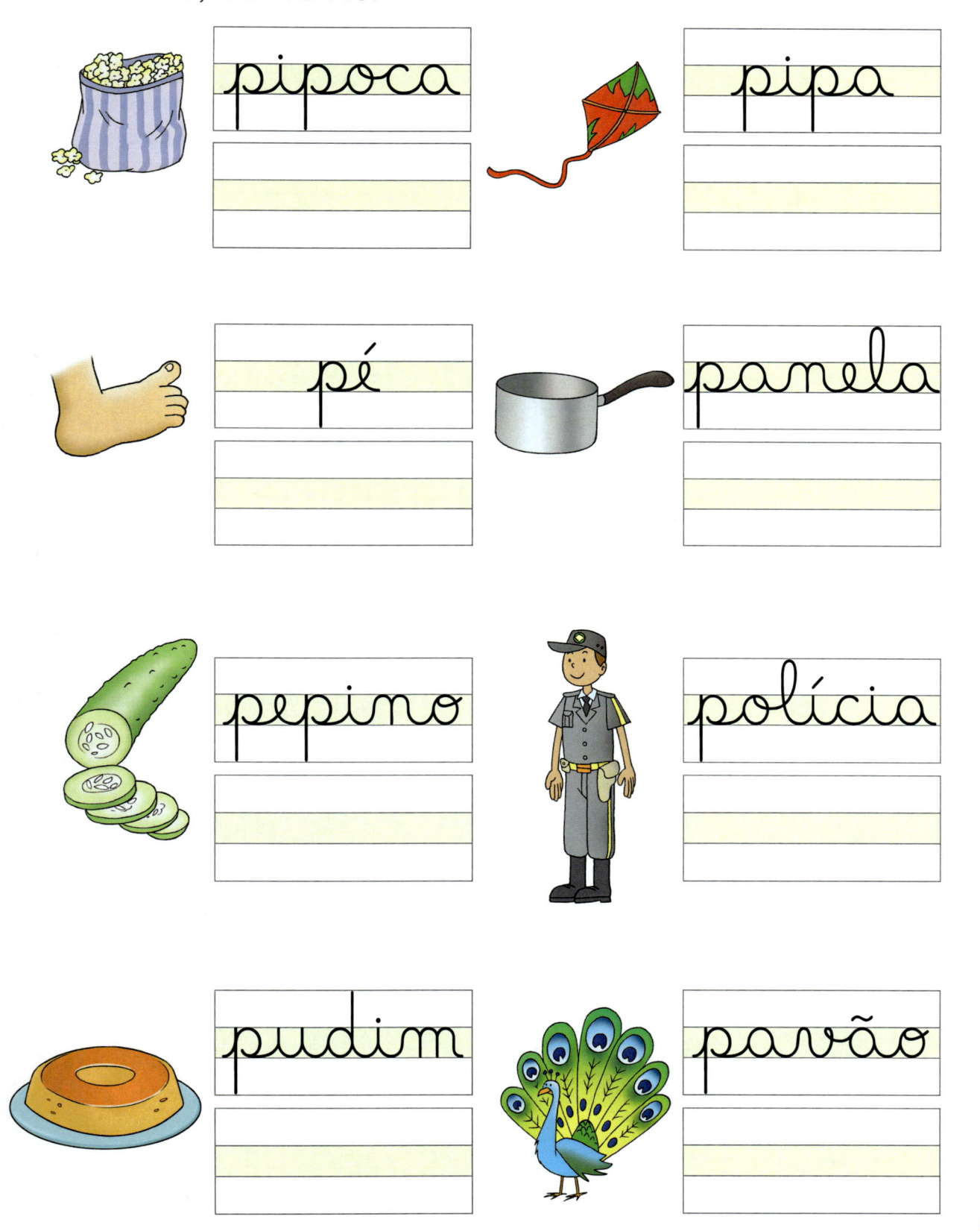

pipoca

pipa

pé

panela

pepino

polícia

pudim

pavão

- OUÇA A LEITURA DAS PALAVRAS E CIRCULE AQUELA QUE CORRESPONDE AO NOME DA FIGURA. DEPOIS, COPIE-A.

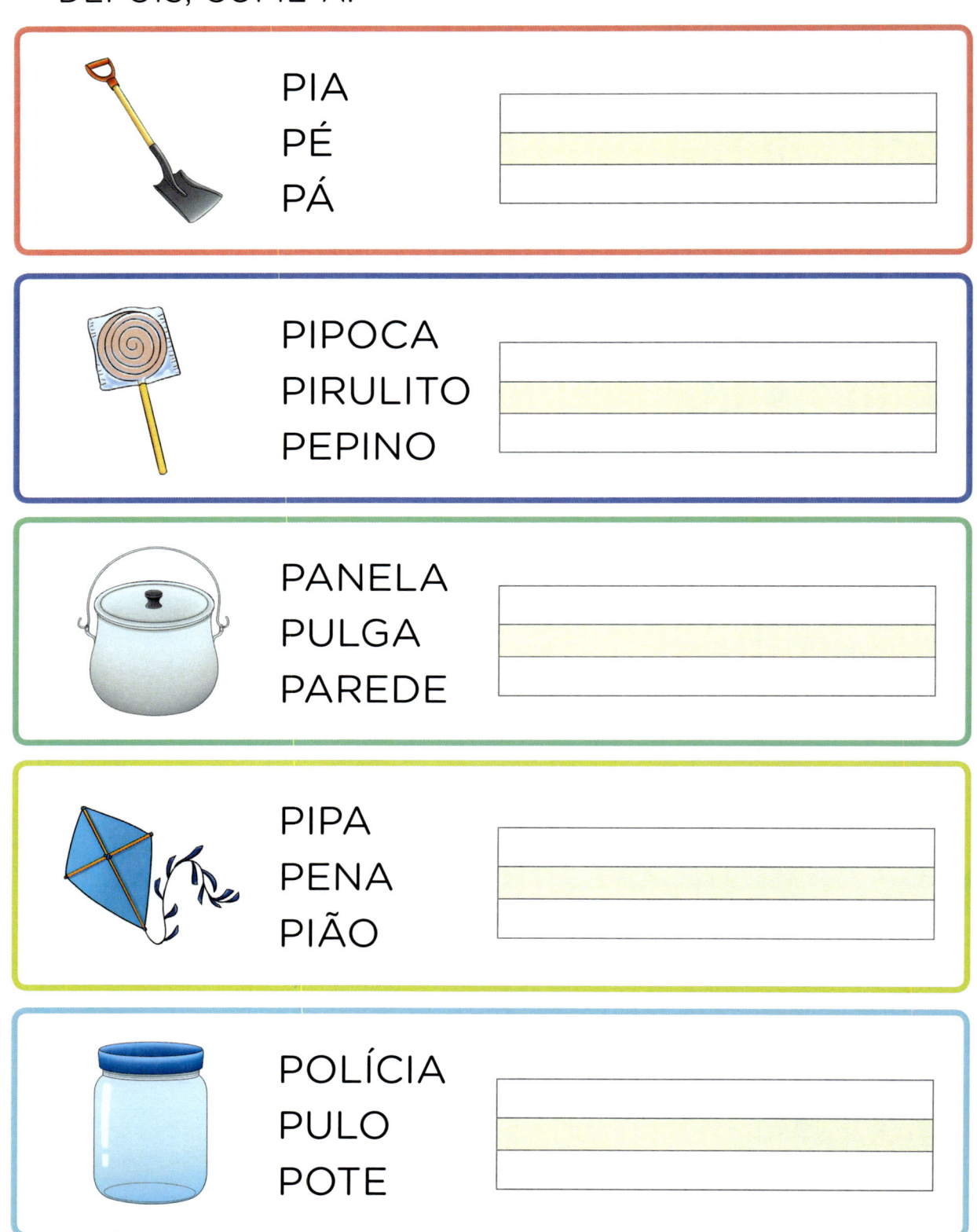

PIA
PÉ
PÁ

PIPOCA
PIRULITO
PEPINO

PANELA
PULGA
PAREDE

PIPA
PENA
PIÃO

POLÍCIA
PULO
POTE

- ESCUTE COM ATENÇÃO A ADIVINHA E A DICA. DEPOIS, CIRCULE O DESENHO QUE CORRESPONDE À RESPOSTA.

> O QUE É, O QUE É?
> TEM PENAS, MAS NÃO É AVE.
> PULA PRA LÁ, PULA PRA CÁ.
> E NO AR GOSTA DE BRINCAR?

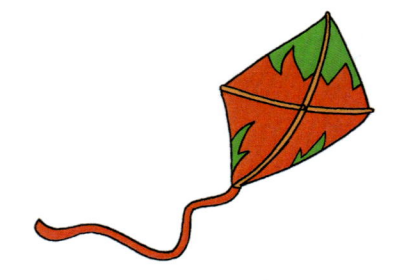

- ESCREVA AS PALAVRAS DO QUADRO NA COLUNA CORRETA.

Paola   picolé   pena   pipa
Paco   pipoca   Paulo

P	p

LIÇÃO 17

QUINTAL
quintal

Q q

VAMOS RECITAR?

O QUINTAL

NO QUINTAL DE MARGARIDA
HÁ UM PÉ-DE-ESPIRRADEIRA,
MAS A MINHA FAVORITA
AINDA É A ROSEIRA.
E PRA VOCÊ, AMIGUINHO?
QUAL É A FLOR MAIS BONITA?
VIOLETA, GIRASSOL,
SEMPRE-VIVA OU BENEDITA?

CRISTINA ARAGÃO. *ILERÊ: RIMAS PARA CRIANÇA*. RECIFE: BAGAÇO, 1992.

qua	que	qui	quo
qua	*que*	*qui*	*quo*
QUA	QUE	QUI	QUO
Qua	*Que*	*Qui*	*Quo*

TRABALHANDO O TEXTO

- PINTE A FLOR PREFERIDA PELA AUTORA DO TEXTO.

- OBSERVE AS IMAGENS DE ALGUMAS FLORES CITADAS NO TEXTO E CIRCULE A QUE VOCÊ ACHA MAIS BONITA.

VIOLETA    GIRASSOL    SEMPRE-VIVA    BENEDITA

- CUBRA O PONTILHADO, LEIA AS SÍLABAS FORMADAS E, DEPOIS, COPIE-AS.

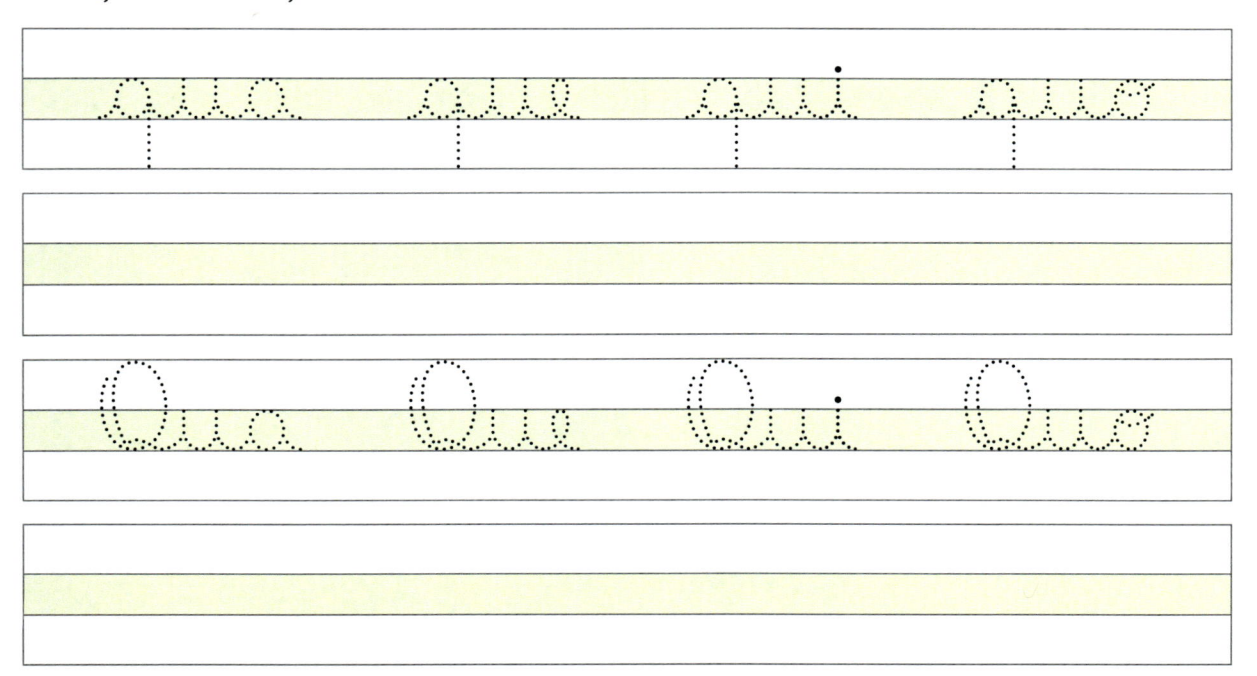

qua   que   qui   quo

Qua   Que   Qui   Quo

- CIRCULE A LETRA **Q** NAS PALAVRAS ABAIXO. DEPOIS, PINTE SOMENTE AS FIGURAS QUE TÊM O NOME INICIADO COM ESSA LETRA.

| PERIQUITO | QUEIJO | LEQUE |

| QUADRO | CAQUI | AQUÁRIO |

- COMPLETE AS PALAVRAS COM **QUE** OU **QUI**. DEPOIS, COPIE-AS.

le_____   mole_____   _____abo

ra_____te   peri_____to   mos_____to

- ESCREVA QUANTAS VOGAIS E QUANTAS CONSOANTES HÁ EM CADA PALAVRA. DEPOIS, CIRCULE AS SÍLABAS **QUA**, **QUE** E **QUI** NAS PALAVRAS.

	PALAVRA	VOGAIS	CONSOANTES
	AQUARELA	5	3
	QUATI		
	PERIQUITO		
	QUARENTA		
	LEQUE		
	QUIABO		

105

- OUÇA A LEITURA DAS PALAVRAS E CIRCULE AQUELA QUE CORRESPONDE AO NOME DA FIGURA. DEPOIS, COPIE-A.

LEQUE
QUIABO
QUINZE

QUEIJO
ESQUILO
QUARENTA

PERIQUITO
QUATI
RAQUETE

AQUÁRIO
CAQUI
QUADRO

BASQUETE
AQUARELA
PORQUINHO

LIÇÃO 18

RATO
rato

R r
R r

- ACOMPANHE A LEITURA.

VAMOS RECITAR?

A RAINHA E O RATO
A RAINHA TEM UM GATO
PRETINHO QUE NEM CARVÃO.
OUTRO DIA ENTROU UM RATO NO SALÃO.
SAIU O RATO FUGINDO,
E O GATO ATRÁS, CORRENDO,
PEGÁ-LO QUERIA ENTÃO.
QUE SUSTO LEVOU A RAINHA,
COM TAMANHA CONFUSÃO.

ANA MARIA REISSIG OLIVEIRA. *ATIVIDADES LÚDICAS*. PORTO ALEGRE: RIMOLI ASSOCIADOS PROMOÇÕES E EVENTOS LTDA., 2010. P. 203. (COLEÇÃO FAZENDO ARTE LIVROS INFANTIS, V. 4).

ra	re	ri	ro	ru
ra	re	ri	ro	ru
RA	RE	RI	RO	RU
Ra	Re	Ri	Ro	Ru

TRABALHANDO O TEXTO

- CIRCULE OS ANIMAIS CITADOS NO TEXTO.

RATO   GALO   GATO

- NUMERE AS IMAGENS DE ACORDO COM A SEQUÊNCIA DOS ACONTECIMENTOS DO TEXTO.

- CUBRA O PONTILHADO, LEIA AS SÍLABAS FORMADAS E, DEPOIS, COPIE-AS.

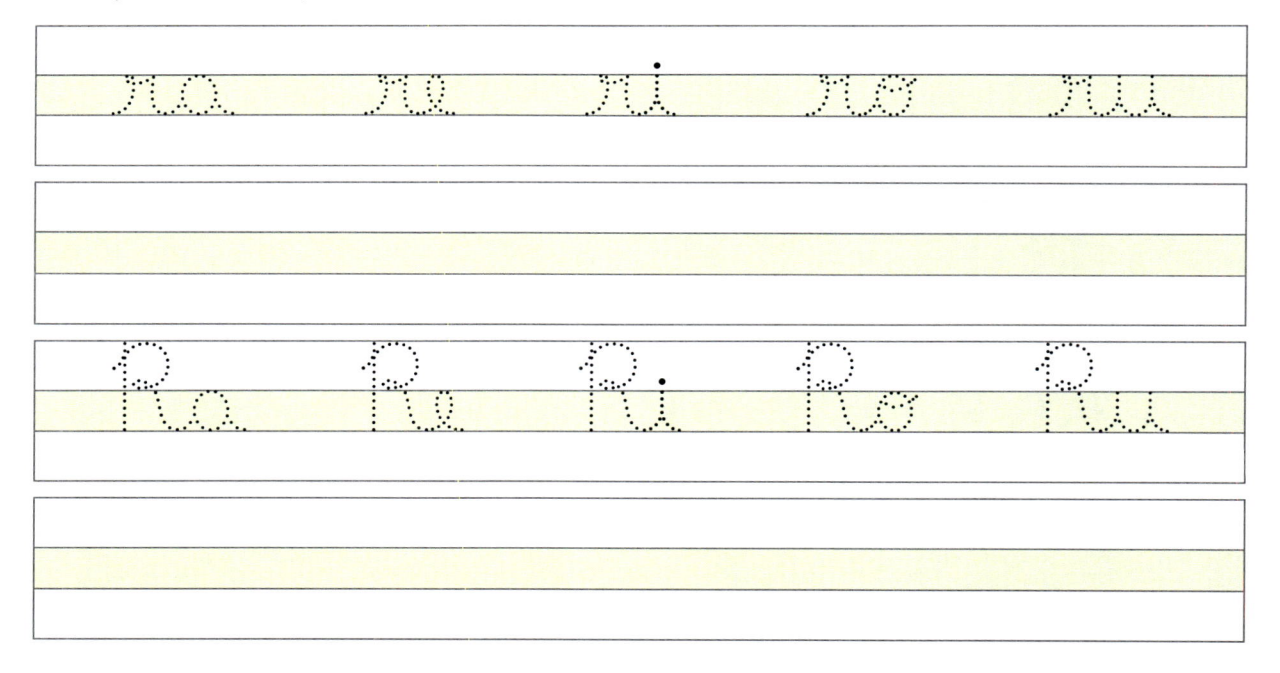

ra   re   ri   ro   ru

Ra   Re   Ri   Ro   Ru

- OBSERVE A ESCRITA DAS PALAVRAS E RESPONDA ORALMENTE:

  GATO   RATO

  TODAS AS LETRAS SÃO IGUAIS?

  QUAIS LETRAS SÃO DIFERENTES?

- AGORA, COMPLETE A PALAVRA ABAIXO COM A LETRA **P**.

  _____ATO

- QUE PALAVRA VOCÊ FORMOU? _____

- ESCOLHA UM DOS TRÊS ANIMAIS E DESENHE-O.

- LEIA COM A PROFESSORA TROCANDO OS DESENHOS POR PALAVRAS.

  O 🐀 ROEU A 👕 DO 🤴 DE ROMA.

- AGORA, COMPLETE A FRASE COM AS PALAVRAS QUE FALTAM.

  O _____ ROEU A _____

  DO _____ DE ROMA.

- PROCURE E PINTE O NOME DA FIGURA NO QUADRO. DEPOIS, COPIE-O.

M A R E O V
R O D A R E
R A I O M U

R E I O S U
C A N E L R
U F A R I P

R A R E S T
P O I D U F
C R E D E A

O E R N L A
M R Á D I O
L E B V H U

- COM A AJUDA DA PROFESSORA, LEIA AS PALAVRAS A SEGUIR. DEPOIS, COPIE-AS.

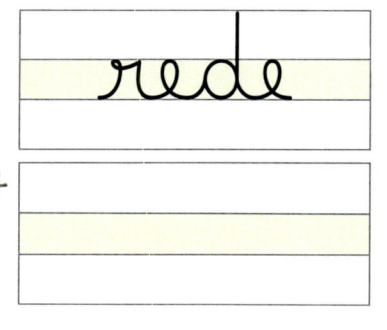

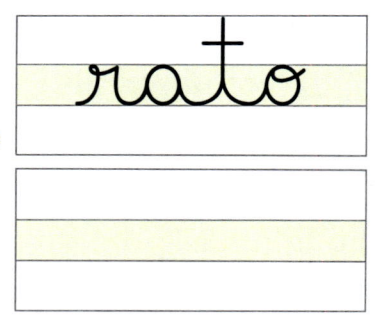

rede

rato

risada

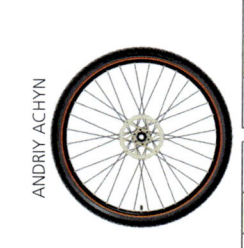

roda

- LEIA AS PALAVRAS COM AJUDA DA PROFESSORA. DEPOIS, LIGUE A FIGURA AO NOME CORRESPONDENTE E COPIE-O.

REGADOR
REMO
REDE

RUA
RÉGUA
ROUPA

RODA
RATOEIRA
RIO

RAQUETE
RABANETE
RIACHO

REDE
REMO
REI

- REÚNA-SE COM OS COLEGAS E INVENTEM UMA HISTÓRIA COM O TEMA QUE VOCÊS ESTÃO ESTUDANDO NESSA LIÇÃO.

- PENSEM EM ALGO QUE ACONTECEU E FALEM PARA A PROFESSORA ESCREVER.

    A) O QUE ACONTECEU?

    B) COM QUEM ACONTECEU?

    C) ONDE ACONTECEU?

    D) QUANDO ACONTECEU?

    E) COMO SE RESOLVEU?

- FAÇA UMA ILUSTRAÇÃO QUE REPRESENTE O TEXTO.

LIÇÃO 19

SAPO
sapo

S s
$\mathcal{S}$ s

VAMOS CANTAR?

MELÔ DO SAPO

EU SOU O SAPO
E LAVO O PÉ
MEU PÉ NÃO TEM CHULÉ
ESSA HISTÓRIA QUEM INVENTOU
FOI O JACARÉ

NÃO, NÃO, NÃO, MENTIRINHA
NÃO, NÃO, NA LAGOA EU LAVO O PÉ
MEU PÉ NÃO TEM CHULÉ

JACARÉ, LARGA DO MEU PÉ
TODO MUNDO SABE
TODO MUNDO SENTE
É VOCÊ QUE NÃO ESCOVA O DENTE.

ALINE BARROS. MELÔ DO SAPO. DISPONÍVEL EM: HTTPS://WWW.YOUTUBE.COM/WATCH?V=5STL-T0LSQS. ACESSO EM: 3 JUN. 2020.

sa	se	si	so	su
sa	*se*	*si*	*so*	*su*
SA	SE	SI	SO	SU
Sa	*Se*	*Si*	*So*	*Su*

TRABALHANDO O TEXTO

- ASSINALE A RESPOSTA CERTA DE ACORDO COM O TEXTO.

  ☐ O SAPO NÃO LAVA O PÉ.

  ☐ O SAPO LAVA O PÉ.

- QUEM INVENTOU A HISTÓRIA DE QUE O SAPO NÃO LAVA O PÉ? CIRCULE A RESPOSTA.

- SEGUNDO O SAPO, O QUE O JACARÉ NÃO FAZ?

  ☐ NÃO ESCOVA OS DENTES.

  ☐ NÃO TOMA BANHO.

- CUBRA O PONTILHADO, LEIA AS SÍLABAS FORMADAS E, DEPOIS, COPIE-AS.

  ba   be   bi   bo   bu

  ba   be   bi   bo   bu

- USANDO O CÓDIGO DO QUADRO, DESCUBRA O NOME DAS FIGURAS.

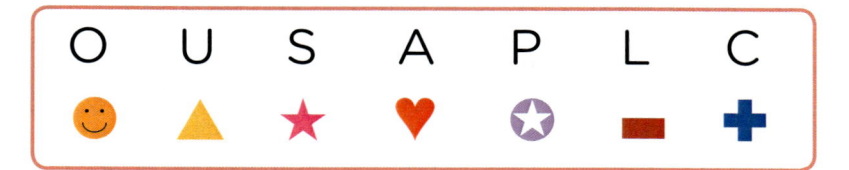

O	U	S	A	P	L	C
😊	▲	★	♥	✪	▬	✚

★ ♥ ✪ 😊 — S A P O

★ ▲ ✚ 😊 — S U C O

★ ♥ ✚ 😊 ▬ ♥ — S A C O L A

- JUNTE AS SÍLABAS E FORME PALAVRAS. DEPOIS, LEIA-AS COM A AJUDA DA PROFESSORA.

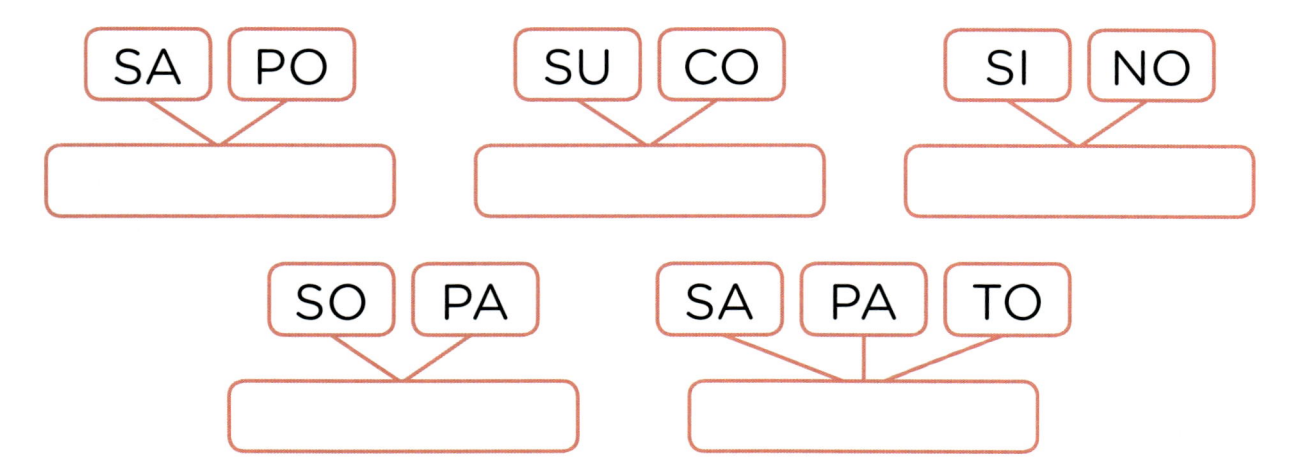

SA PO

SU CO

SI NO

SO PA

SA PA TO

- RELACIONE AS PALAVRAS QUE COMEÇAM COM A MESMA SÍLABA.

SAPO   SUZI

SELO   SOFÁ

SINO   SAPATO

SOPA   SEMÁFORO

SUCO   SILAS

- COMPLETE O NOME DAS FIGURAS COM AS SÍLABAS **SA**, **SE**, **SI**, **SO** OU **SU**. DEPOIS, COPIE A PALAVRA FORMADA.

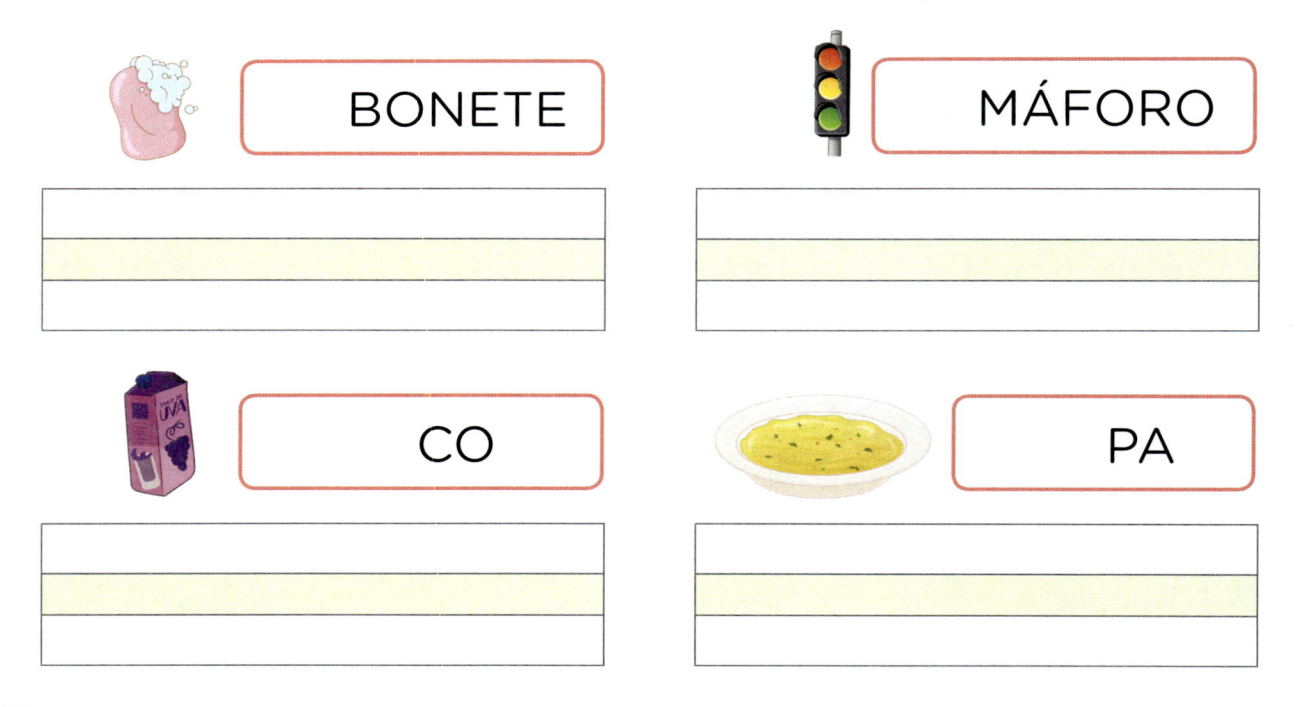

BONETE   MÁFORO

CO   PA

- FORME PALAVRAS COM AS SÍLABAS DO QUADRO DE ACORDO COM A NUMERAÇÃO.

1 SA	2 SU	3 SE	4 JO	5 DA	6 DE
7 SI	8 SO	9 LA	10 CO	11 NO	12 TE

7 – 11

3 – 12

1 – 10

3 – 6

2 – 4

8 – 9

1 – 9 – 5

1 – 10 – 9

- ESCREVA AS PALAVRAS DO QUADRO NA COLUNA CORRETA.

sino Sinara salada Saulo
Sônia sacola sapo semana

s	S

LIÇÃO 20

TATU
tatu

T t

VAMOS RECITAR?

O TATU (MELODIA: ATIREI O PAU NO GATO)
UM TATU MUITO PATETA-TA
FOI DE MOTO-TO
LÁ PRA MATA-TA
MAS A MOTO-TO
DERRAPOU-POU-POU,
VIROU POR CIMA
DE UM TOMATE
E ESBORRACHOU! OUU!!!

WALDIRENE DIAS MENDONÇA. *PINTANDO O 7 COM EDU E CAÇÃO – DIDA E TICA*. UBERLÂNDIA: CLARANTO, 1999.

ta	te	ti	to	tu
ta	te	ti	to	tu
TA	TE	TI	TO	TU
Ta	Te	Ti	To	Tu

TRABALHANDO O TEXTO

- PINTE O ANIMAL DA CANÇÃO.

- CIRCULE O MEIO DE TRANSPORTE USADO PELO TATU PARA IR PARA A MATA.

- CUBRA O PONTILHADO, LEIA AS SÍLABAS FORMADAS E, DEPOIS, COPIE-AS.

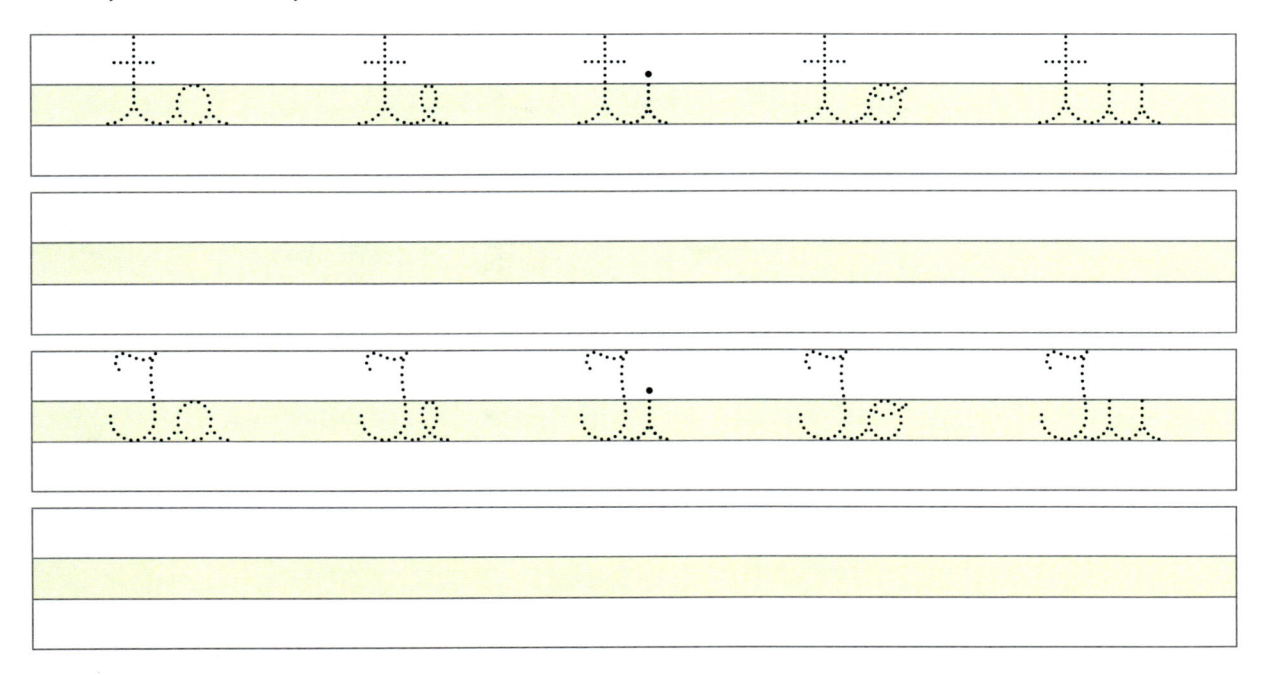

ta te ti to tu

Ta Te Ti To Tu

- ESCREVA A PRIMEIRA LETRA DE CADA FIGURA E DESCUBRA QUE PALAVRAS ELAS FORMAM. DEPOIS, COPIE-AS.

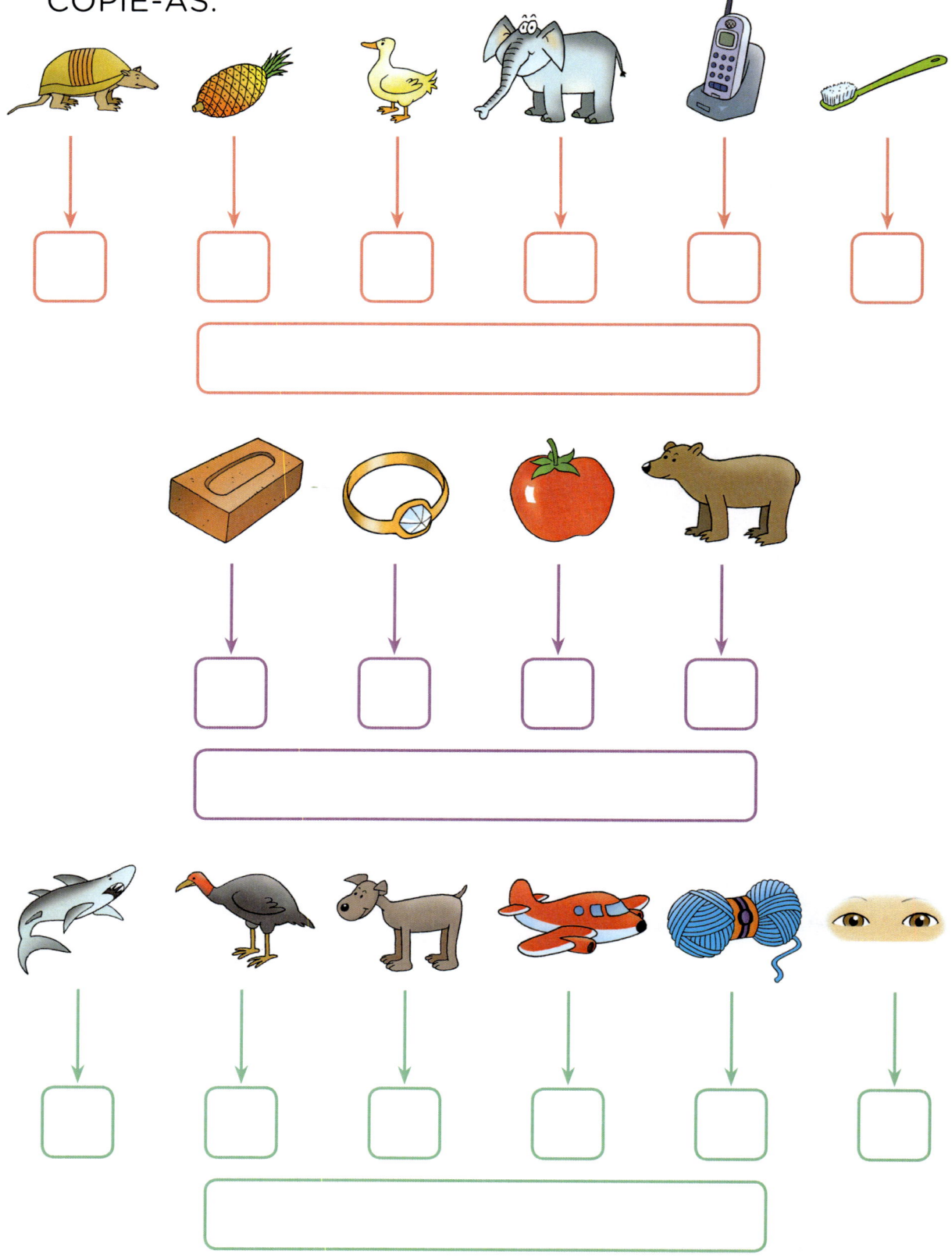

- PINTE AS SÍLABAS **TA**, **TE**, **TI**, **TO** OU **TU** DAS PALAVRAS A SEGUIR DE ACORDO COM A LEGENDA.

| TA | TE | TI | TO | TU |

TAPETE

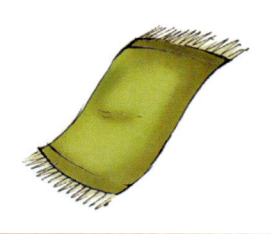

TOMATE

PATINETE

TUCANO

JABUTI

TELEFONE

TUBARÃO

ESTOJO

TIGRE

- RELACIONE CADA FIGURA AO NOME CORRESPONDENTE. DEPOIS, COPIE-O.

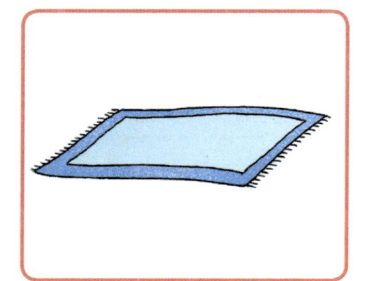

	TIME
	TAPETE
	TATU
	TUCANO
	TOMATE

- ESSE É TADEU. HOJE NA ESCOLA ELE APRENDEU VÁRIAS PALAVRAS COM A LETRA **T**.

- AJUDE-O A FAZER UMA LISTA COM 5 PALAVRAS QUE COMECEM COM A LETRA **T**.

_____
_____
_____
_____
_____

- ESCREVA AS PALAVRAS DO QUADRO NA COLUNA CORRETA.

Tiago   Tadeu   Talita   tucano
tomate   tapete   tecido

t	T

LIÇÃO 21

VACINA
vacina

V v
𝓥 𝓿

- OBSERVE O CARTAZ.

Vacinar é proteger

TODO MUNDO JÁ ME CONHECE. DESDE 1986 SOU O SÍMBOLO DAS **CAMPANHAS DE VACINAÇÃO**.

HOJE ESTOU AQUI PARA UMA MISSÃO BEM ESPECIAL: **MOBILIZAR PARA PROTEGER CONTRA O SARAMPO**.

O CEARÁ ENFRENTA UM SURTO DE **SARAMPO, DOENÇA GRAVE, ALTAMENTE TRANSMISSÍVEL, QUE PODE MATAR**.

ATENÇÃO! A CRIANÇA DEVE SER VACINADA TRÊS VEZES: COM **6 MESES**, COM **1 ANO** DEVE SER VACINADA DE NOVO E COM **1 ANO E 3 MESES** DEVE SER VACINADA NOVAMENTE.

SARAMPO — A VACINA É A ÚNICA PROTEÇÃO!

COMPARTILHE

CRIAÇÃO: Assessoria de Comunicação da Secretaria da Saúde do Estado do Ceará

CAMPANHA DE VACINAÇÃO DO GOVERNO DO ESTADO DO CEARÁ.

A VACINAÇÃO É IMPORTANTE EM TODAS AS FASES DA VIDA.

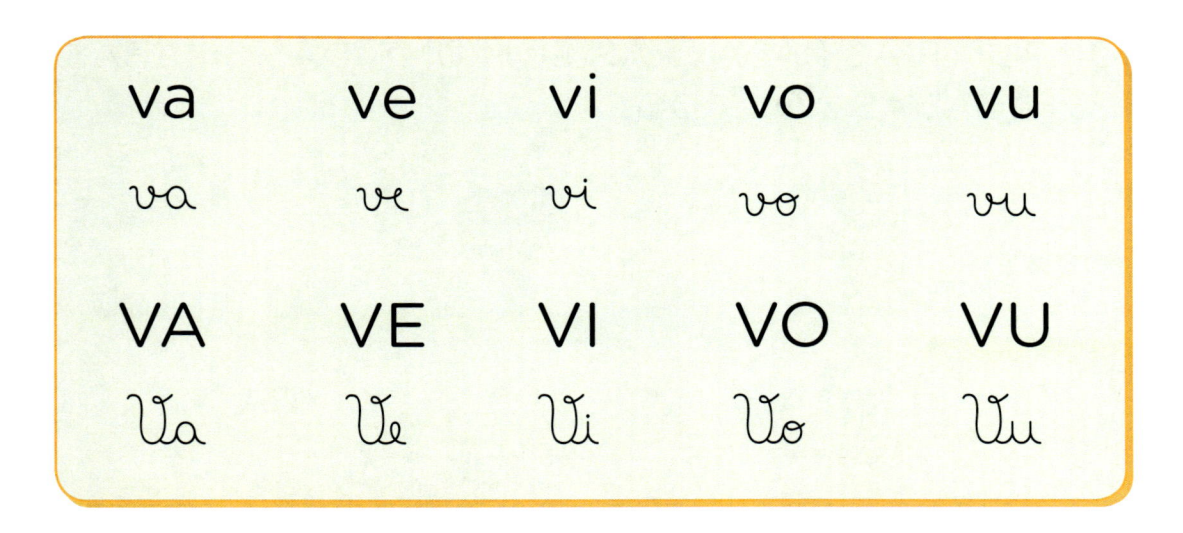

va	ve	vi	vo	vu
va	*ve*	*vi*	*vo*	*vu*
VA	VE	VI	VO	VU
Va	*Ve*	*Vi*	*Vo*	*Vu*

TRABALHANDO O TEXTO

- OUÇA A LEITURA DO TEXTO DA CAMPANHA DE VACINAÇÃO E COMPLETE AS FRASES.

A VACINAÇÃO É IMPORTANTE EM TODAS AS FASES

DA _____.

VACINAR É _____.

- CONVERSE COM A PROFESSORA E OS COLEGAS. SUA CARTEIRA DE VACINAÇÃO ESTÁ EM DIA? POR QUE É IMPORTANTE TOMAR VACINA?

- COMPLETE AS PALAVRAS COM UMA DAS SÍLABAS DESTACADAS AO LADO.

VA

VE

VI

VO

VU

_____LA   U_____   CA_____LO

_____OLÃO   O_____   FI_____LA

- PINTE AS FIGURAS CUJOS NOMES COMEÇAM COM A MESMA SÍLABA DO NOME DAS CRIANÇAS.

VAVÁ	VASO	UVA	VACA
VERA	VEADO	VELA	ELEFANTE
VINÍCIUS	VIOLINO	PIANO	VIOLÃO

- COM A AJUDA DA PROFESSORA, LEIA AS PALAVRAS A SEGUIR. DEPOIS, LIGUE A FIGURA AO NOME CORRESPONDENTE E COPIE-O.

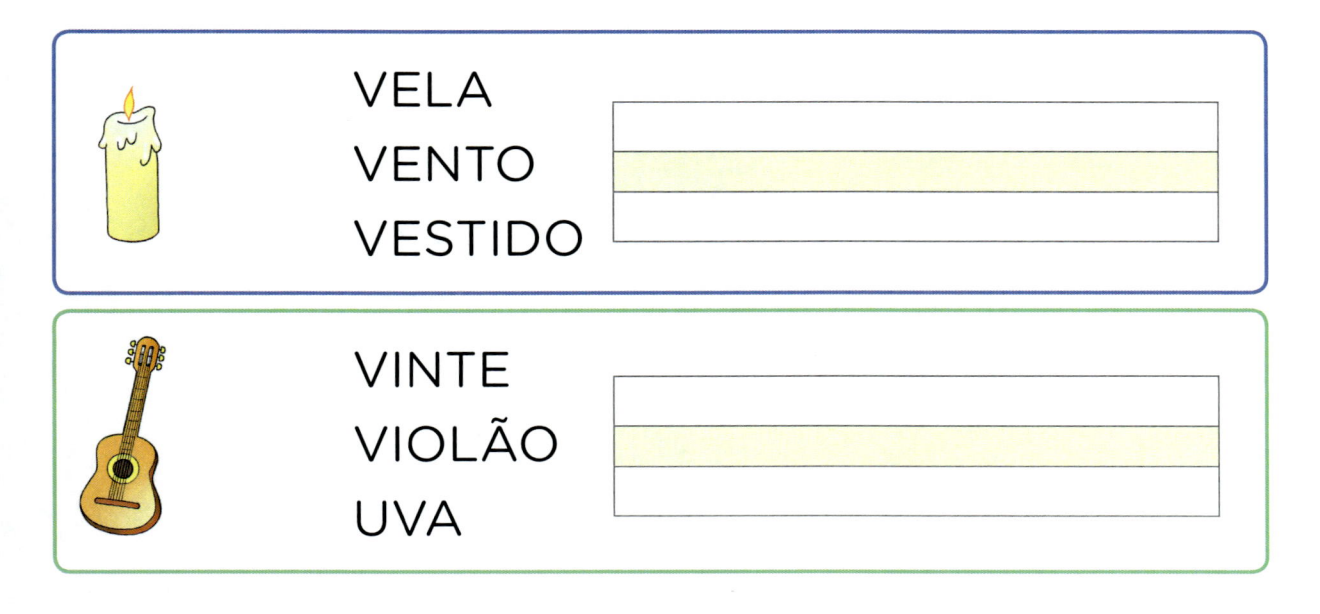

VELA
VENTO
VESTIDO

VINTE
VIOLÃO
UVA

O QUE É, O QUE É?

ENQUANTO PASSEIA, TRABALHA.
DEIXA O CHÃO TODO LIMPINHO.
SEUS CABELOS PARECEM PALHA
E SEU CORPO É BEM FININHO.

- DESENHE A RESPOSTA DA ADIVINHA.

- OBSERVE AS PALAVRAS DO QUADRO E ESCREVA-AS NO LOCAL CORRETO, DE ACORDO COM AS DICAS QUE SERÃO LIDAS PELA PROFESSORA. DEPOIS, ILUSTRE CADA UMA DELAS.

| VASSOURA | NAVIO | VIOLÃO | UVAS |

- MEIO DE TRANSPORTE

  _____

- INSTRUMENTO MUSICAL

  _____

- FRUTA

  _____

- OBJETO UTILIZADO NA LIMPEZA

  _____

- QUANTAS LETRAS HÁ EM CADA PALAVRA?

| VELA | AVÓ | VIOLÃO | VEADO | VACA |

- COPIE A PALAVRA QUE TEM MAIS LETRAS.

- COPIE A PALAVRA QUE TEM MENOS LETRAS.

- OUÇA A LEITURA DOS NOMES E COPIE-OS.

  - VÂNIA
  - VALÉRIA
  - VITÓRIA
  - VERA
  - VERÔNICA
  - VICENTE

LIÇÃO 22

A LETRA W

A letra W

- ACOMPANHE A LEITURA DO POEMA.

> ERA UMA VEZ UM POETA
> QUE UM DIA, EM BUSCA DE UMA RIMA,
> CAIU DE PERNAS PARA CIMA
> E VIROU UM BELO DÁBLIO!
> COISA ASSIM NUNCA SE VIU,
> MAS É A HISTÓRIA VERDADEIRA
> DE COMO O DÁBLIO SURGIU...
>
> MÁRIO QUINTANA. *O BATALHÃO DAS LETRAS*.
> RIO DE JANEIRO: GLOBO, 1987.

- CUBRA O PONTILHADO PARA FORMAR LETRAS E, DEPOIS, COPIE-AS.

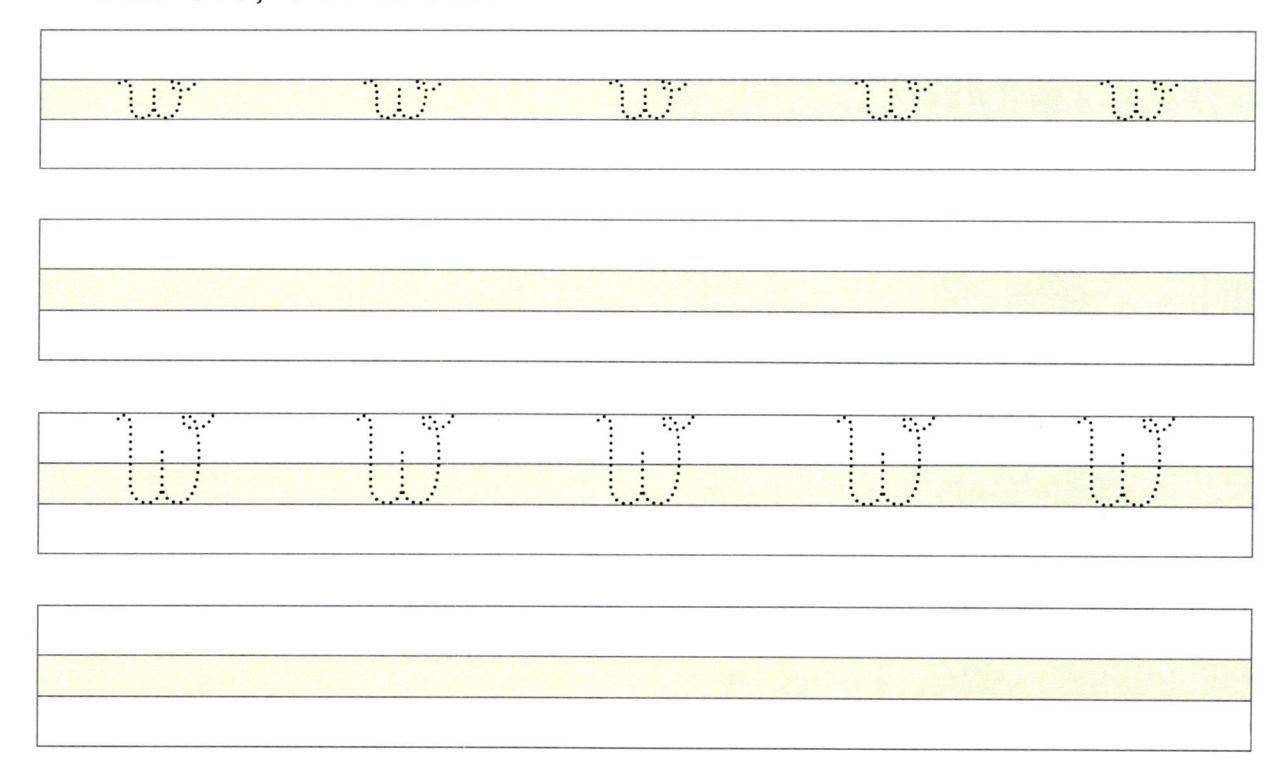

A LETRA **W** É MAIS USADA EM NOMES PRÓPRIOS E EM PALAVRAS DE ORIGEM ESTRANGEIRA.

TRABALHANDO O TEXTO

- CIRCULE A LETRA **W**.

  M   w   W   m   W

- ACOMPANHE A LEITURA DOS NOMES QUE A PROFESSORA VAI FAZER. DEPOIS, COPIE-OS.

Walquíria

Welingtom

Wagner

William

131

LIÇÃO 23

XISTO E XEPA

Xisto e Xepa

X x
X x

- ACOMPANHE A LEITURA DO POEMA.

XISTO E XEPA

ESTE É O XISTO
ENGRAXATE, MOLEQUE DANADO,
XERETA, NÃO TEM MEDO DE CARETA...
MORA SÓ COM UMA SENHORA,
A BAIXINHA DONA XEPA,
GRANDE AMIGA E VÓ.

CRISTINA PORTO. *XISTO E XEPA*. SÃO PAULO: FTD, 1996.

xa	xe	xi	xo	xu
xa	*xe*	*xi*	*xo*	*xu*
XA	XE	XI	XO	XU
Xa	*Xe*	*Xi*	*Xo*	*Xu*

TRABALHANDO O TEXTO

- DESENHE COMO VOCÊ IMAGINA XISTO.

- CIRCULE A FAMÍLIA QUE MELHOR REPRESENTA O TEXTO.

- CUBRA O PONTILHADO, LEIA AS SÍLABAS FORMADAS E, DEPOIS, COPIE-AS.

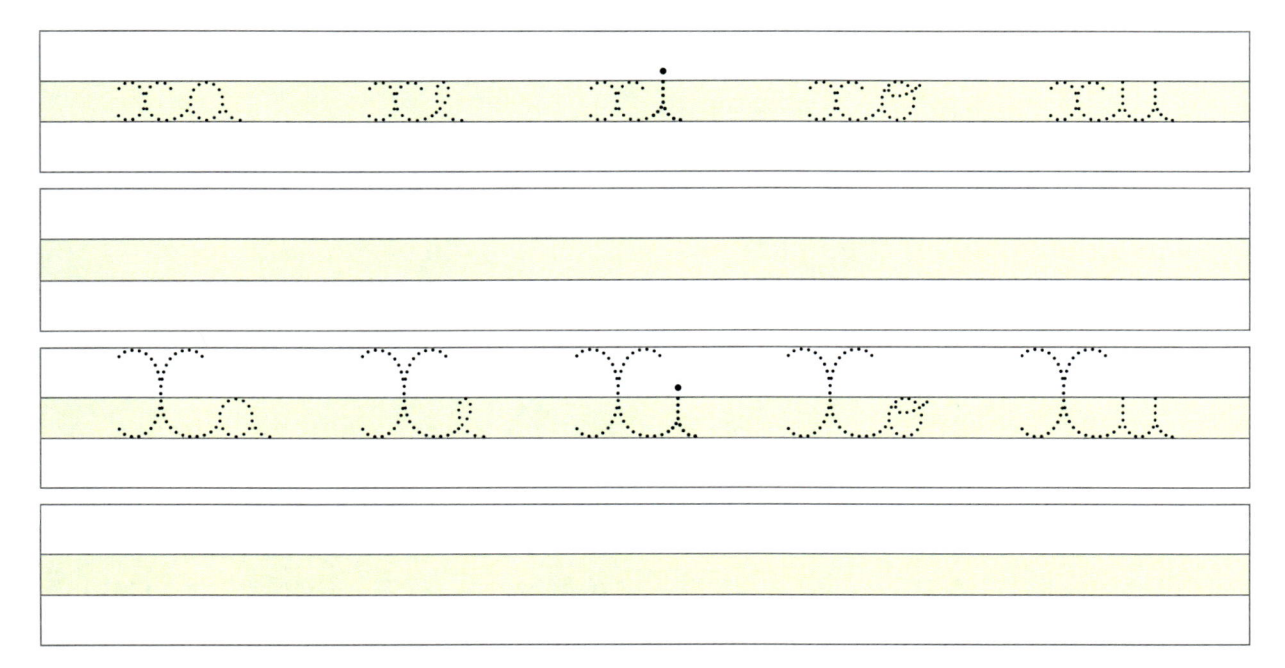

XA XO XI XE XU

Xa Xo Xi Xe Xu

- LEIA AS PALAVRAS ABAIXO COM A AJUDA DA PROFESSORA. DEPOIS, CIRCULE NELAS AS SÍLABAS INDICADAS NO QUADRO.

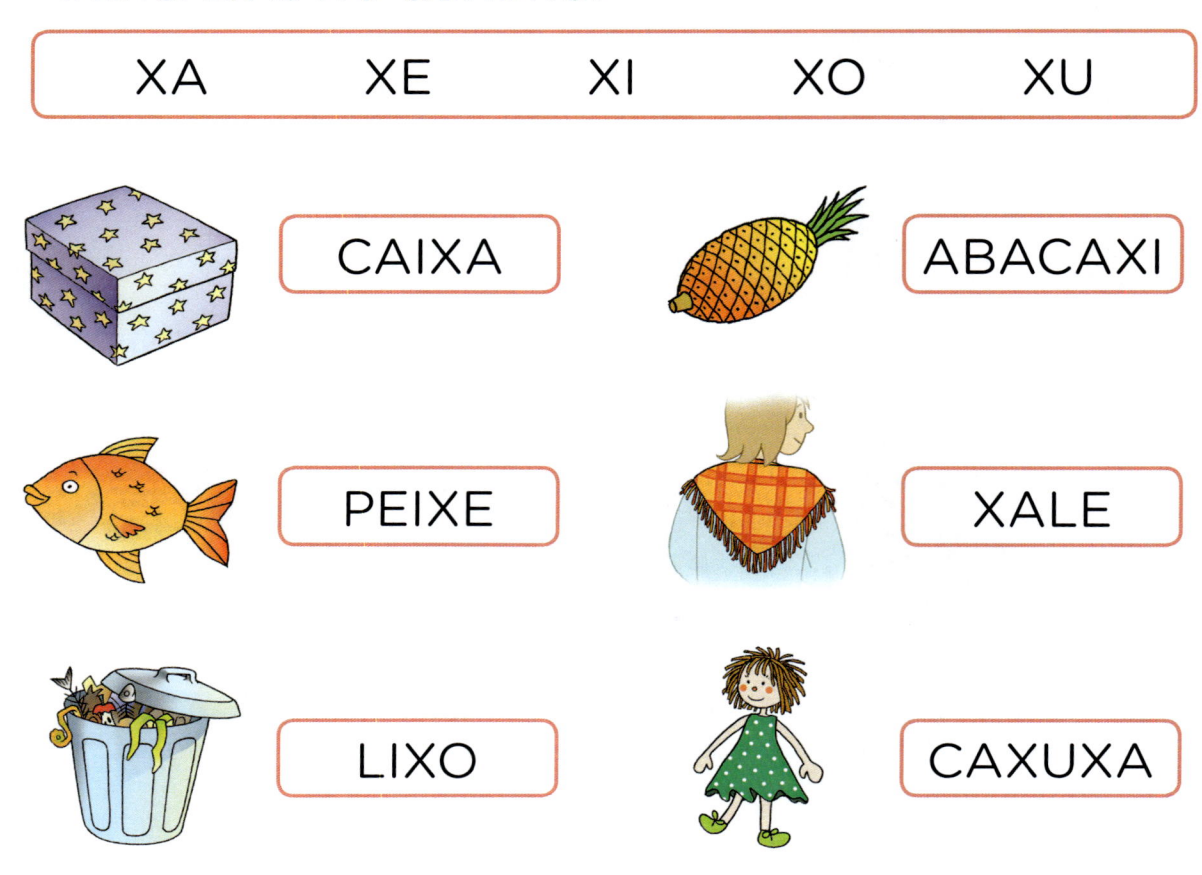

| XA | XE | XI | XO | XU |

CAIXA

ABACAXI

PEIXE

XALE

LIXO

CAXUXA

- IDENTIFIQUE NAS PALAVRAS A SEGUIR AS SÍLABAS **XA**, **XE**, **XI**, **XO** E **XU**. PINTE ESSAS SÍLABAS DE ACORDO COM A LEGENDA.

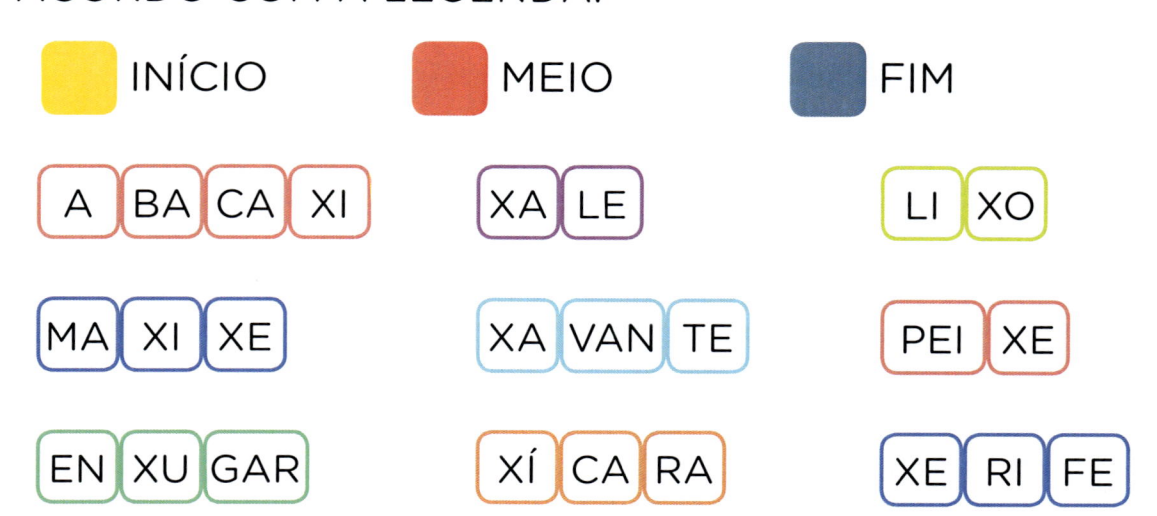

🟨 INÍCIO   🟥 MEIO   🟦 FIM

A BA CA XI

XA LE

LI XO

MA XI XE

XA VAN TE

PEI XE

EN XU GAR

XÍ CA RA

XE RI FE

- COMPLETE A CRUZADINHA ESCREVENDO AS LETRAS QUE FALTAM PARA FORMAR O NOME DE CADA FIGURA.

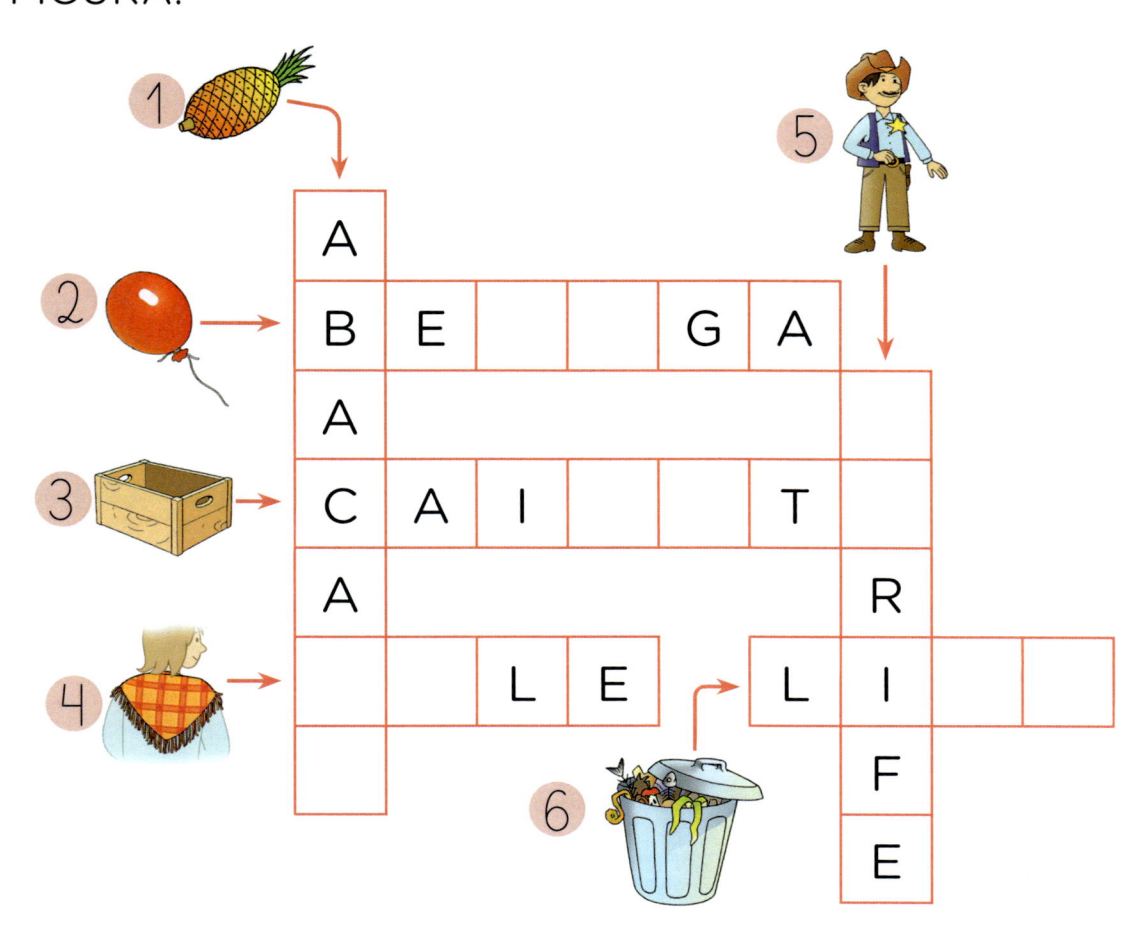

- AGORA, COPIE AS PALAVRAS.

1.
2.
3.
4.
5.
6.

- OUÇA A LEITURA DAS PALAVRAS FEITA PELA SUA PROFESSORA E, DEPOIS, NUMERE AS FIGURAS.

1. ABACAXI
2. XALE
3. XÍCARA
4. XERIFE
5. LIXEIRA
6. CAIXA
7. PEIXE
8. XAROPE

- ENCONTRE AS SÍLABAS **XA**, **XE**, **XI**, **XO** E **XU**. NO QUADRO ABAIXO E PINTE-AS.

VO	XA	GU	LI	XO	NE
FA	MO	XE	CA	RI	SO
BI	XU	TO	JE	PU	XI

- ACOMPANHE A LEITURA DA QUADRINHA.

> COLOQUE A LETRA **X**
> NA LIXEIRA QUE É A CERTA
> PONHA O LIXO NO LUGAR
> E NÃO DEIXE A PORTA ABERTA

- LIGUE O LIXO À LIXEIRA CERTA.

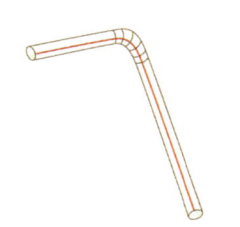

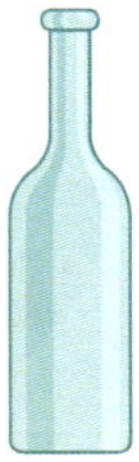

LIÇÃO 24

A LETRA Y

A letra Y

Y y
Y y

- ACOMPANHE A LEITURA DA QUADRINHA.

> TODA LETRA TEM UM NOME,
> EU TENHO NOME TAMBÉM.
> SOU O Y (ÍPSILON)
> E POSSO ESTAR NO NOME DE ALGUÉM.
>
> MARIA LUÍSA CAMPOS AROEIRA,
> ESPECIALMENTE PARA ESTA OBRA.

- CUBRA O PONTILHADO PARA FORMAR LETRAS E, DEPOIS, COPIE-AS.

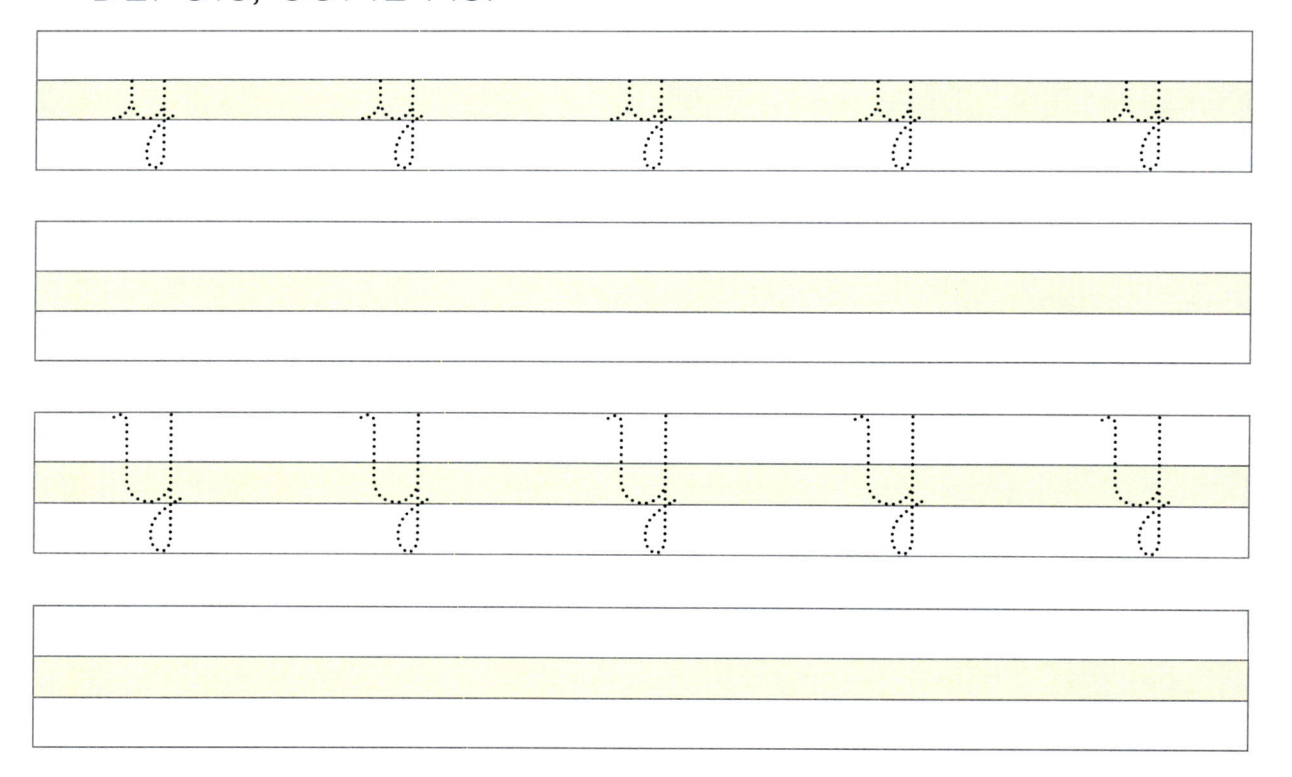

TRABALHANDO O TEXTO

- ASSINALE A LETRA QUE TEM O SOM DO **Y**.

  ☐ I   ☐ O

> A LETRA **Y** É MAIS USADA EM NOMES PRÓPRIOS E EM PALAVRAS DE ORIGEM ESTRANGEIRA.

- ACOMPANHE A LEITURA DOS NOMES QUE A PROFESSORA VAI FAZER. DEPOIS, COPIE-OS.

  Yvone   *Yoshi*

  Yasmim   *Yuri*

- PINTE A LETRA **Y** NAS PALAVRAS ABAIXO.

  | YOLANDA | KELLY | YOGURT |
  | SUELY | YAKISOBA | MAYRA |

LIÇÃO 25

ZEBRA
zebra

- ACOMPANHE A LEITURA DO POEMA.

ZEBRINHA

COITADA DA ZEBRA!
É TÃO POBREZINHA!
SÓ TEM UMA ROUPA
A COITADINHA!
DORME DE PIJAMA,
PIJAMA DE LISTRINHAS
E PASSA DIAS INTEIROS
VESTIDA DE PIJAMINHA.
QUE TAL A GENTE SE JUNTAR
E FAZER UMA VAQUINHA
PRA COMPRAR PRA ZEBRINHA
VESTIDO DE BOLINHA?

WANIA AMARANTE. *COBRAS E LAGARTOS*.
SÃO PAULO: QUINTETO EDITORIAL, 2013. P. 49.

za	ze	zi	zo	zu
ZA	ZE	ZI	ZO	ZU

TRABALHANDO O TEXTO

- CIRCULE O ANIMAL CITADO NO TEXTO.

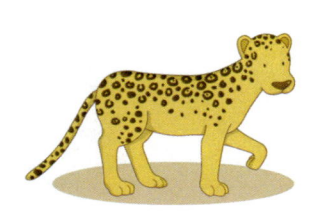

- DESENHE COMO FICARIA A ZEBRINHA DE VESTIDO DE BOLINHA.

- CUBRA O PONTILHADO, LEIA AS SÍLABAS FORMADAS E, DEPOIS, COPIE-AS.

- PINTE AS SÍLABAS **ZA**, **ZE**, **ZI**, **ZO** E **ZU** DAS PALAVRAS ABAIXO, DE ACORDO COM A LEGENDA.

| ZA | ZE | ZI | ZO | ZU |

ZEBRA

ZABUMBA

BUZINA

ZOOLÓGICO

ZERO

AZULÃO

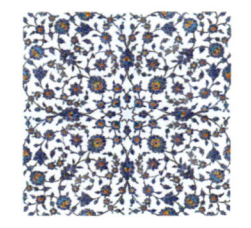

AZULEJO

DOZE

ZEBU

- LEIA AS PALAVRAS COM A AJUDA DA PROFESSORA. DEPOIS, CIRCULE AS SÍLABAS **ZA**, **ZE**, **ZI**, **ZO** E **ZU** QUE NELAS APARECEM.

ZERO	DÚZIA	ZABUMBA
ZENEIDE	AZULEJO	BUZINA
COZINHA	DEZENA	ZUNIDO

- LEIA O TEXTO COM A AJUDA DA PROFESSORA.

BOA NOITE

A ZEBRA QUIS
IR PASSEAR,
MAS A INFELIZ
FOI PARA A CAMA
– TEVE QUE SE DEITAR
PORQUE ESTAVA DE PIJAMA.

SIDÔNIO MURALHA. *A TELEVISÃO DA BICHARADA*.
SÃO PAULO: NÓRDICA, 1962.

- PROCURE NO TEXTO E ESCREVA NOS LUGARES CERTOS PALAVRAS COM:

2 LETRAS
3 LETRAS
4 LETRAS
5 LETRAS
6 LETRAS

- COM A AJUDA DA PROFESSORA, LEIA AS PALAVRAS. DEPOIS, COPIE-AS.

azeite

buzina

doze

azeitona

azul

zíper

ALMANAQUE

CRACHÁ

ALMANAQUE

147

ALFABETO MÓVEL

A	E	I	O	U
A	E	I	O	U
BA	BE	BI	BO	BU
CA	CE	CI	CO	CU
DA	DE	DI	DO	DU
FA	FE	FI	FO	FU
GA	GE	GI	GO	GU
HA	HE	HI	HO	HU
JA	JE	JI	JO	JU
KA	KE	KI	KO	KU
LA	LE	LI	LO	LU
MA	ME	MI	MO	MU

A	E	I	O	U
a	e	i	o	u
ba	be	bi	bo	bu
ca	ce	ci	co	cu
da	de	di	do	du
fa	fe	fi	fo	fu
ga	ge	gi	go	gu
ha	he	hi	ho	hu
ja	je	ji	jo	ju
ka	ke	ki	ko	ku
la	le	li	lo	lu
ma	me	mi	mo	mu

NA	NE	NI	NO	NU
PA	PE	PI	PO	PU
QUA	QUE	QUI	QUO	
RA	RE	RI	RO	RU
SA	SE	SI	SO	SU
TA	TE	TI	TO	TU
VA	VE	VI	VO	VU
WA	WE	WI	WO	WU
XA	XE	XI	XO	XU
ZA	ZE	ZI	ZO	ZU
GUA	GUE	GUI		Y
A	E	I	O	U

Parte integrante da coleção **Eu gosto m@is** – Educação Infantil – Linguagem – volume 3 – IBEP.

na	ne	ni	no	nu
pa	pe	pi	po	pu
qua	que	qui	quo	
ra	re	ri	ro	ru
sa	se	si	so	su
ta	te	ti	to	tu
va	ve	vi	vo	vu
wa	we	wi	wo	wu
xa	xe	xi	xo	xu
za	ze	zi	zo	zu
gua	gue	gui		y
A	E	I	O	U

A	E	I	O	U
A	E	I	O	U
BA	BE	BI	BO	BU
CA	CE	CI	CO	CU
DA	DE	DI	DO	DU
FA	FE	FI	FO	FU
GA	GE	GI	GO	GU
HA	HE	HI	HO	HU
JA	JE	JI	JO	JU
KA	KE	KI	KO	KU
LA	LE	LI	LO	LU
MA	ME	MI	MO	MU

ALMANAQUE

Parte integrante da coleção **Eu gosto m@is** – Educação Infantil – Linguagem – volume 3 – IBEP.

A	E	I	O	U
a	e	i	o	u
ba	be	bi	bo	bu
ca	ce	ci	co	cu
da	de	di	do	du
fa	fe	fi	fo	fu
ga	ge	gi	go	gu
ha	he	hi	ho	hu
ja	je	ji	jo	ju
ka	ke	ki	ko	ku
la	le	li	lo	lu
ma	me	mi	mo	mu

Parte integrante da coleção **Eu gosto m@is** – Educação Infantil – Linguagem – volume 3 – IBEP.

NA	NE	NI	NO	NU
PA	PE	PI	PO	PU
QUA	QUE	QUI	QUO	
RA	RE	RI	RO	RU
SA	SE	SI	SO	SU
TA	TE	TI	TO	TU
VA	VE	VI	VO	VU
WA	WE	WI	WO	WU
XA	XE	XI	XO	XU
ZA	ZE	ZI	ZO	ZU
GUA	GUE	GUI		Y
A	E	I	O	U

Parte integrante da coleção **Eu gosto m@is** – Educação Infantil – Linguagem – volume 3 – IBEP.

na	ne	ni	no	nu
pa	pe	pi	po	pu
qua	que	qui	quo	
ra	re	ri	ro	ru
sa	se	si	so	su
ta	te	ti	to	tu
va	ve	vi	vo	vu
wa	we	wi	wo	wu
xa	xe	xi	xo	xu
za	ze	zi	zo	zu
gua	gue	gui		y
A	E	I	O	U

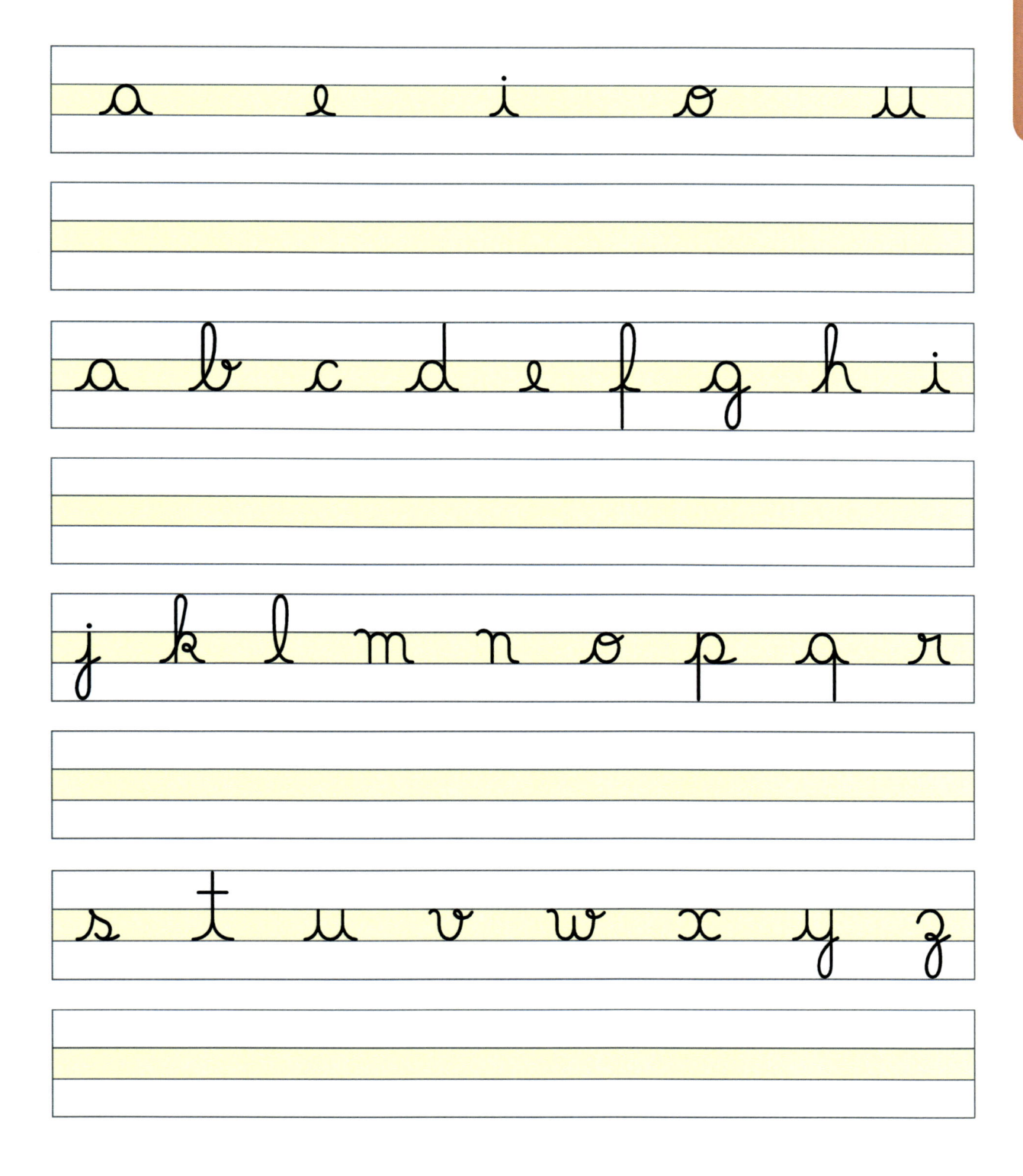

TREINANDO A ESCRITA – ALFABETO MINÚSCULO

a e i o u

a b c d e f g h i

j k l m n o p q r

s t u v w x y z

TREINANDO A ESCRITA – ALFABETO MAIÚSCULO

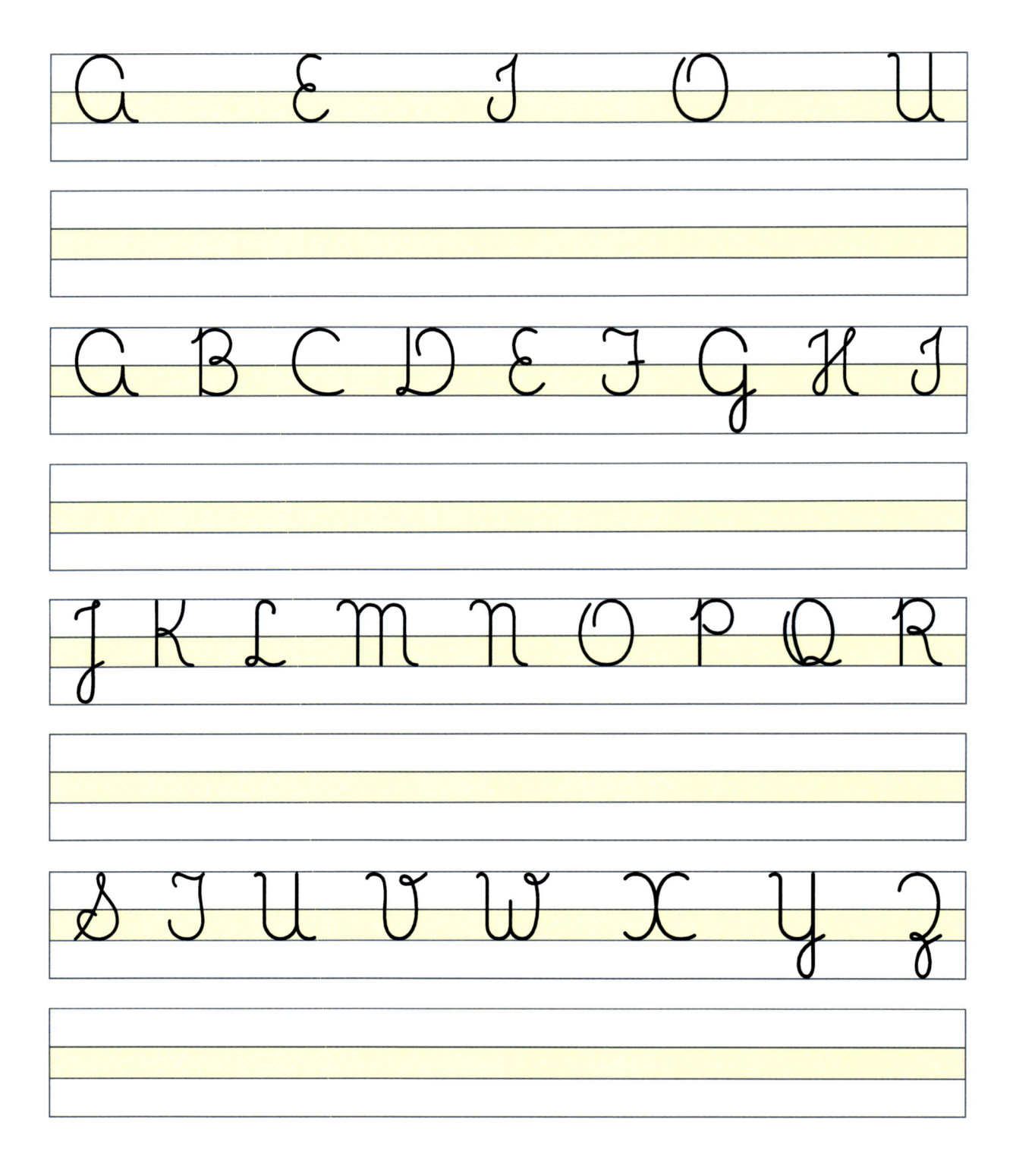

A E I O U

A B C D E F G H I

J K L M N O P Q R

S T U V W X Y Z

ENCAIXE DE PALAVRAS

INSTRUÇÕES

RECORTE AS CARTAS.
DEPOIS, CORTE NA LINHA TRACEJADA.
EMBARALHE AS PARTES DAS CARTAS.
FORME AS PALAVRAS E LEIA.

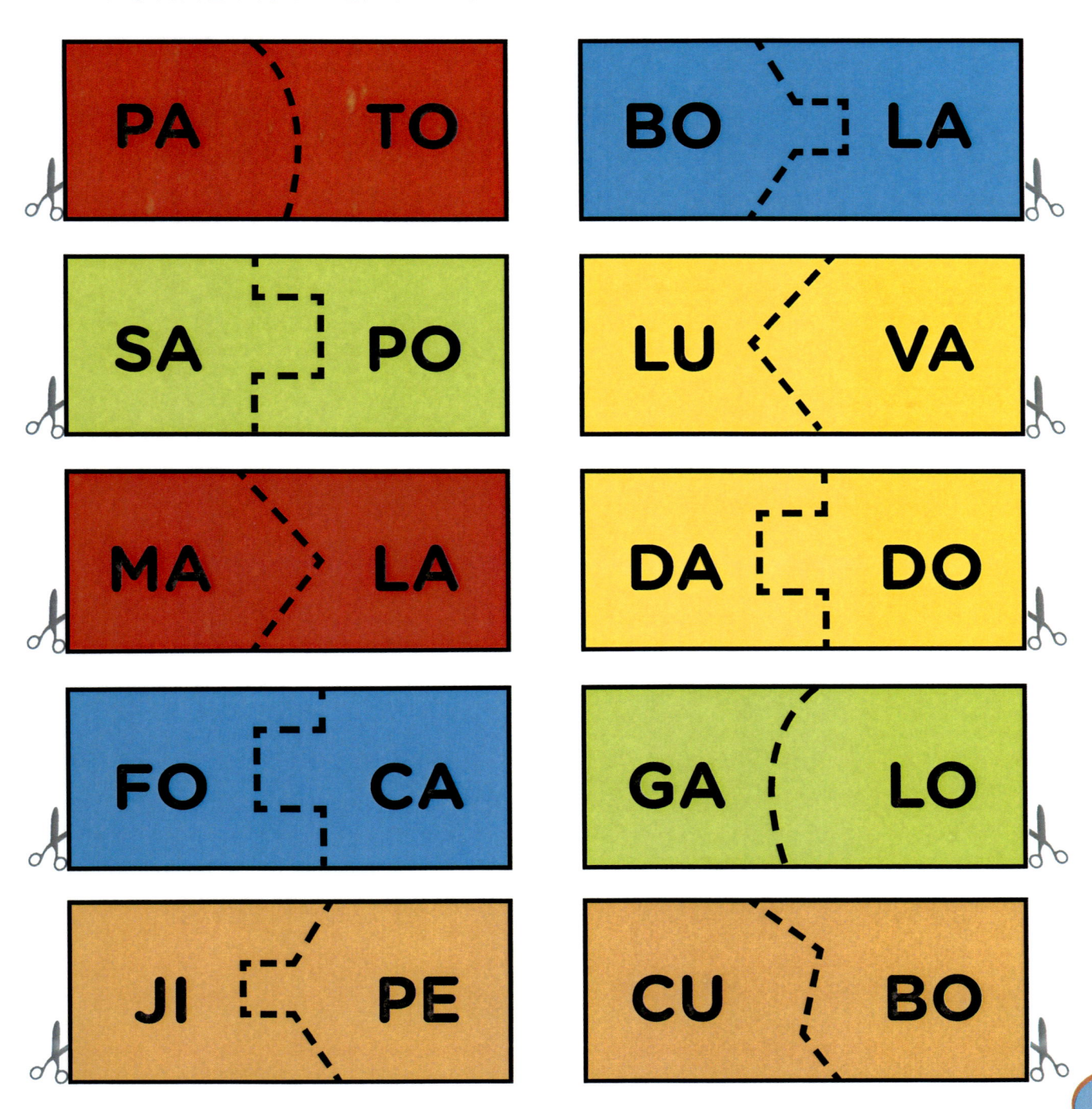

ALMANAQUE

PA	TO	BO	LA
SA	PO	LU	VA
MA	LA	DA	DO
FO	CA	GA	LO
JI	PE	CU	BO

A a	B b	C c	D d	E e
a a	*B b*	*C c*	*D d*	*E e*

F f	G g	H h	I i	J j
F f	*G g*	*H h*	*I i*	*J j*

K k	L l	M m	N n
K k	*L l*	*M m*	*N n*

O o	P p	Q q	R r
O o	*P p*	*Q q*	*R r*

S s	T t	U u	V v
S s	*T t*	*U u*	*V v*

W w	X x	Y y	Z z
W w	*X x*	*Y y*	*Z z*

ADESIVOS

ATIVIDADES LIVRES

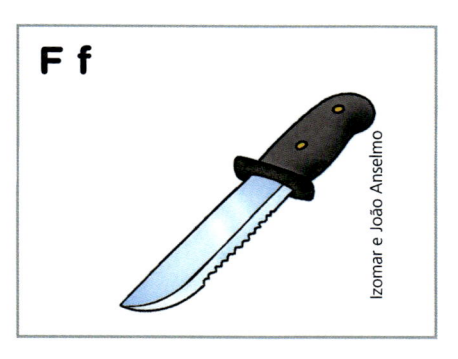

A a

B b

C c

D d

E e

F f

G g

H h

Parte integrante da coleção **Eu gosto m@is** – Educação Infantil – Linguagem – volume 3 – IBEP.

ATIVIDADES LIVRES

I i

J j

K k

L l

M m

N n

O o

P p

Q q

Parte integrante da coleção **Eu gosto m@is** – Educação Infantil – Linguagem – volume 3 – IBEP.

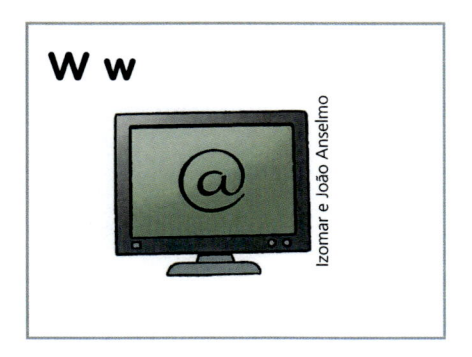

ATIVIDADES LIVRES

R r

S s

T t

U u

V v

W w

X x

Y y

Z z

Parte integrante da coleção **Eu gosto m@is** – Educação Infantil – Linguagem – volume 3 – IBEP.